I0247271

Lb³⁹
10763
A.

THÉORIE ET PRATIQUE
DES
DROITS DE L'HOMME.
ET
LE SENS-COMMUN.

THÉORIE ET PRATIQUE
DES
DROITS DE L'HOMME.

PAR TH. PAYNE,

Secrétaire du Congrès au Département des affaires étrangères pendant la guerre d'Amérique.

SUIVIS

DU SENS-COMMUN;

OUVRAGE ADRESSÉ AUX AMÉRICAINS,

Et dans lequel on traite de l'origine & de l'objet du Gouvernement, de la Constitution Anglaise, de la Monarchie héréditaire, & de la situation de l'Amérique Septentrionale.

Traduit en Français,

PAR F. LANTHENAS, D. M.

A RENNES,

Chez R. VATAR, fils, Imprimeur de la Correspondance de Rennes à la Convention Nationale, rue de l'Hermine N°. 792.

M. DCC. XCIII.

On trouve chez R. VATAR, *fils, imprimeur, rue de l'Hermine, n°. 792.*

Correspondance de Rennes à l'Assemblée Nationale, & Journal des cinq Départemens de la ci-devant Bretagne ; ouvrage contenant les travaux de l'Assemblée-Constituante, depuis le 30 Mai 1789, jusqu'au 30 Septembre 1791 ; & de plus, les faits principaux, les Anecdotes remarquables, les nominations importantes qui ont eu lieu dans cette intéressante partie de l'Empire Français ; 12 vol. avec tables, demi-rel. propre, 60 l.

La suite de ce Journal, jusqu'à ce jour, 3 liv. par mois.

On continue cet intéressant ouvrage, & l'on reçoit des abonnemens au commencement de chaque mois, à raison de 45 s. pour la Ville, & 3 l. franc par la poste.

Receuil complet des Loix de l'Assemblée-Constituante, acceptés ou sanctionnés, & promulguées, avec tables alphabétiques, 8 vol. 8°. brochés (le neuvième sous presse.) 48 l.

Code de la Justice de Paix, 2 vol. 8e brochés, 5 8

Code du Tribunal de Famille, 1 vol. 8°. broché, 1 16

Code de Police, contenant d'une part, le texte pur & correct des nouvelles Loix sur la Police Municipale, correctionnelle, rurale, criminelle ou de sûreté ; & de l'autre, une instruction pratique sur l'exécution de ces Loix, avec des modèles de tous les actes y relatifs, 1 vol. 8°. broché, 2 8

Cet ouvrage est indispensable à tous les Officiers Municipaux, Juges de Paix, Assesseurs & hommes de Loi du Royaume.

Code Criminel, contenant la Loi sur la Police de Sûreté, le Code Pénal, & la Loi en forme d'instruction sur la Procédure Criminelle, 1 vol. 8°. broché, 2 5

Ouvrage indispensable à tous les Juges, Jurés & Citoyens actifs du Royaume.

Code de la Gendarmerie Nationale, contenant l'ensemble des divers Décrets relatifs à l'organisation, aux fonctions & à la discipline de la Gendarmerie Nationale, & autres qu'il importe aux Membres de ce corps de connoître particulièrement ; avec une Instruction-pratique sur l'exécution de ces Décrets, contenant la formule de tous les actes qui peuvent être à rédiger en conséquence : nouvelle édition, augmentée de toutes les Loix rendues sur cette partie, jusqu'à ce jour, 1 vol. 8°, 2 8

Manuel des Jurés, ou Code complet des Loix concernant les Jurés, classés dans un ordre méthodique, & accompagnées d'instructions propres à en faire connoître l'esprit, à en faciliter l'intelligence & l'exécution, 1 vol. 8o. 1 liv. 10 s.

Liste des députés à la convention nationale, par ordre alphabétique de leur département & par ordre de leurs noms, avec l'indication exacte de leur domicile à Paris ; suivie de la liste de ceux qui composoient les 21 comités de l'assemblée, des supplèans, leurs départemens & demeures, in-18. 10 s.

DROITS DE L'HOMME.

INTRODUCTION.

Ce qu'Archimède a dit des forces mécaniques, on peut le dire de la raison & de la liberté : *Donnez-moi un point d'appui, & je remuerai le monde.*

La révolution d'amérique prouve cette vérité, qui est seulement de théorie dans les sciences abstraites. Les gouvernemens étoient si profondément enracinés dans notre continent, les habitudes & la tyrannie abrutissoient tellement les esprits, que personne n'y pensoit à réformer l'état politique de l'homme. La liberté avoit été bannie de toute la surface de la terre ; la raison étoit considérée comme une rebellion, & la pusillanimité de l'esclavage avoit énervé l'espèce humaine.

Mais telle est la force irrésistible de la vérité qu'elle n'a besoin que de paroître. Faut-il au soleil une inscription pour le distinguer des ténèbres ? A peine la forme du gouvernement américain fut-elle déployée, que le despotisme fut ébranlé ; l'homme osa lever sa tête.

L'indépendance de l'amérique, considérée seulement comme une séparation d'avec l'angleterre, est un événement de peu d'importance. Mais elle devient majeure lorsqu'on y voit l'époque d'une révolution dans les principes & dans l'art du gouvernement. Elle forme un appui non-seulement à l'amérique, mais à tout l'univers qui peut y voir les avantages qu'offre la liberté. Les hessois, quoique achetés pour la combattre, doivent sentir le bonheur de leur défaite ; & les anglais, condamnant les vices de leur gouvernement, peuvent se réjouir de leurs anciennes pertes.

L'amérique étoit le seul point, sur le globe, où les germes d'une réforme universelle pouvoient se développer. Un concours d'événemens a causé leur naissance & les développemens extraordinaires de ces principes. Les grandes scènes de la nature y créent des idées fortes, agissent sur l'ame, l'élèvent au niveau de ses contemplations. Ajoutez encore que les premiers habitans de ces colonies, sortis des différentes contrées de l'europe, nés, élevés dans différentes opinions religieuses, y venant chercher la paix contre les persécutions politiques, se réunirent comme des frères. Les besoins qui accompagnent le défrichement d'un pays sauvage, firent naître un genre de sociabilité inconnu & négligé dans les pays que déchirent des querelles & les intrigues du gouvernement. Dans cette position, l'homme devient ce qu'il peut ; il voit ses semblables, non comme un ennemi naturel, mais comme étant de sa famille ; & cet exemple prouve aux sociétés artificielles, que l'homme doit se rapprocher de la nature pour s'instruire.

On doit conclure, des succès rapides des américains dans tous les genres d'industrie, que si les gouvernemens de l'europe, de l'asie & de l'amérique avoient commencé sur un même principe, ou ne s'en étoient pas écartés, ces contrées seroient dans un état plus florissant. Les siècles se sont écoulés, entraînant avec eux une longue suite de crimes. Supposons un être qui, ne connoissant aucune partie du globe, viendroit à l'observer, il prendroit une grande partie de l'ancien continent pour un pays nouveau, dont les premiers habitans luttent contre les incohérences d'une création naissante. Croiroit-il que ces hordes misérables, qui couvrent l'ancien continent, sont autre chose que des individus qui n'ont pas encore eu le temps de pourvoir à leurs besoins? Pourroit-il soupçonner qu'elles sont une conséquence de ce qu'on appelle là , un *gouvernement* ?

Si des parties les plus méprisables de l'ancien monde on détourne les yeux sur celles qui ont déjà quelques degrés de perfection , on y voit les mains rapaces du gouvernement pénétrer tous les asyles de l'industrie pour y dépouiller la multitude : l'esprit des agens, toujours occupé des moyens d'inventer de nouveaux impôts & de nouvelles taxes, regardant la prospérité publique comme sa proie, & nul homme, quelque pauvre qu'il soit, ne peut échapper sans avoir payé le tribut.

Dès que les révolutions ont commencé, on doit naturellement espérer qu'elles seront suivies d'autres révolutions, & les probabilités sont plutôt pour le succès d'une chose déjà commencée, qu'elles ne l'étoient pour sa naissance.

Les dépenses extraordinaires & toujours augmentantes, auxquelles les gouvernemens sont induits ; les guerres fréquentes qu'ils provoquent, ou qu'ils sont obligés de soutenir ; les obstacles qu'ils mettent aux progrès d'une civilisation universelle & du commerce, en même-temps qu'ils multiplient dans l'intérieur leurs usurpations & leurs actes oppressifs, ont épuisé la patience des hommes & les ressources pécuniaires.

Dans cette situation , avec les exemples existans, ils ont les révolutions en présence ; elles sont l'objet de toutes les conversations , elles sont:

A l'ordre du jour.

Si on peut introduire un système de gouvernement moins dispendieux & plus favorable au bonheur général, tous les efforts pour nuire à ses progrès deviendront infructueux. La raison, en peu de temps, prend des racines, & les préjugés échouent dans leur lutte contre l'intérêt. Si la paix universelle, la civilisation & le commerce forment le sort le plus heureux des hommes, ils ne pourront l'obtenir que par une révolution dans les systêmes des gouvernemens. Tous les gouvernemens monarchiques sont militaires ; la guerre leur tient lieu de commerce, le carnage & les impôts sont tout leur dessein. Aussi long-temps que ces gouvernemens existeront, on ne pourra jouir d'un seul jour de paix absolue. Quelle est l'histoire de tous les gouvernemens monarchiques ? misères, crimes, épuisement, & par hasard quelques années de repos ; appauvris par la guerre, fatigués de carnage, ce calme de la satiété, ils le nomment *paix*. Ce n'est certainement pas la condition que la nature réserve à l'homme, où la monarchie est la punition des crimes de nos pères.

Les révolutions qui ont précédemment agité certaines parties du monde, ont été nulles pour les intérêts généraux de l'humanité. Elles se bornoient seulement à déplacer quelques individus, à changer quelques mesures ; mais elles n'atteignoient pas les principes, & passoient dans la série des événemens journaliers. Les événemens qui viennent de nous jetter dans l'admiration & le recueillement, peuvent être nommés une *contre-révolution*. La tyrannie & la conquête avoient, à des époques anciennes, dépossédé l'homme de ses droits, & maintenant il y rentre. Les événemens humains ont leur marée, dont le flux & le reflux s'écoulent en directions contraires : un gouvernement fondé sur la morale, sur un systême de paix universelle, sur les droits imprescriptibles de l'homme, reflue maintnant de l'ouest à l'est ; mais, par une impulsion bien plus forte que celle du gouvernement militaire qui s'étendoit en sens contraire ; ces mouvemens ne concernent point les individus, mais les nations dans leurs progrès, & préparent un nouvel ère à la race humaine.

Le danger qui menace davantage le succès des révolutions, c'est lorsqu'elles naissent avant que les principes dont elles découlent, & les avantages qui en résultent, soient vus & sentis. Presque tous ces traits, qui caractérisent une nation, ont été confondus sous le mot général & mystérieux, *gouvernement*. Quoiqu'il évite d'avouer les erreurs qu'il commet & les maux qu'elles occasionnent, le gouvernement n'oublie point de s'attribuer la plus légère apparence de prospérité. Il enlève à l'industrie ses honneurs, en proclamant insolemment ses succès, & dérobe ainsi au caractère général de l'homme, ce qui lui appartient comme être social.

Il est donc nécessaire, dans ce jour des révolutions, de séparer ce qui est l'effet du gouvernement d'avec ce qui ne l'est pas. On ne peut mieux y réussir qu'en jettant un coup-d'œil sur les sociétés, & leur civilisation & leurs conséquences, comme objets distincts de ce qu'on nomme *gouvernement*. Commençant par ces recherches, nous serons en état d'assigner aux effets leur véritable cause, & d'analyser la masse des erreurs vulgaires.

CHAPITRE PREMIER.

De la société & de la civilisation.

Une grande partie de l'ordre qui règne entre les hommes, n'est pas l'effet du gouvernement, mais tire son origine des principes de la société & de la constitution de l'homme ; il est antérieur aux gouvernemens & surviyroit à leurs formes. La dépendance mutuelle & les intérêts réciproques qui unissent les hommes les uns aux autres, & les sociétés aux sociétés, crée cette grande chaîne qui les lie. Le propriétaire, le fermier, le manufacturier, le négociant & le détailleur, & tous les arts ne prospèrent que par les secours mutuels & généraux qu'ils reçoivent. L'intérêt commun détermine leurs rapports & forme leurs loix ; & ces loix, que les besoins de la société exigent, ont une plus grande influence que celles du gouvernement. En un mot, chaque société s'astreint à tels devoirs réciproques qui constituent son gouvernement.

Pour concevoir la nature & la quotité de gouvernement propre à l'homme, il est nécessaire de saisir son caractère. La nature l'ayant destiné à la vie sociale, lui a donné ce qui convenoit à sa position. En général, il rend ses besoins plus grands que sa puissance ; il ne peut les satisfaire que par un système d'affection sociale, & les besoins déterminant les individus, ils se réunissent en société aussi naturellement que la gravitation dirige tous les corps vers un centre.

Mais la nature n'a pas seulement contraint l'homme à vivre en société par la diversité des besoins qu'il ne peut satisfaire que par des secours réciproques ; elle a aussi gravé dans son cœur un *système d'affections sociales*, qui, sans être nécessaires à son existence, sont utiles à son bonheur. Il n'est aucun âge, dans la vie, où ce besoin de la société cesse ; il commence avec la vie, & ne finit qu'à la mort.

Si nous examinons, avec attention, la constitution de l'homme, la diversité des besoins & des talens des individus si bien appropriés aux besoins des autres, sa tendance vers la société, & par conséquent à conserver les avantages qui en résultent : on voit aisément que ce qu'on nomme *gouvernement* est un véritable mensonge.

Le gouvernement n'est nécessaire que dans certains cas, où la société & la civilisation ne sont pas suffisantes; & il est évident que tous les actes que le gouvernement s'attribue, sont l'effet d'un consentement tacite de la société, & non la conséquence du gouvernement.

Deux années se sont écoulées au commencement de la guerre d'amérique, & un plus long espace de temps dans quelques-uns des états, avant qu'il y eût une forme établie de gouvernement. La forme ancienne avoit été abolie, & les habitans étoient trop occupés de leur sûreté pour donner leur attention à une forme nouvelle; &, pendant cet intervalle, l'ordre & l'harmonie régnèrent dans les états-unis aussi bien que dans aucune des contrées de l'europe. C'est un besoin naturel à l'homme, & sur-tout lorsqu'il est en société, parce qu'il augmente les moyens de s'habituer à toutes les circonstances. Du moment où le mode du gouvernement est aboli, l'état de société commence; une association générale le remplace, & l'intérêt commun fait la sécurité générale.

Il n'est pas vrai, quoiqu'on ait osé le prétendre, que l'abolition d'une forme de gouvernement entraîne la dissolution de la société; au contraire, la société devient plus intime. Toute la partie de l'organisation sociale qui étoit dépositaire du gouvernement, se développe sur la masse, & n'agit qu'au travers de cet ensemble. Les hommes, par instinct & par le calcul de leur bonheur, se sont habitués à la vie sociale. Ces motifs sont devenus suffisans pour les porter à tous les changemens qu'ils trouveront nécessaires & convenables dans leur gouvernement. En un mot, l'homme est un être sociable, & il est impossible de l'isoler.

Une forme de gouvernement déterminée, ne comprend qu'une petite partie de la vie civilisée; & lors même qu'on auroit établi la meilleure forme que la sagesse humaine puisse inventer, elle seroit plutôt un être de raison ou factice, qu'un être réel. Elle étoit une conséquence des principes primordiaux de la société & de la civilisation, de l'usage qui la consent & la maintient réciproquement, de la circulation perpétuelle des intérêts qui, passant au travers de mille & mille canaux, vivifient la masse entière de la communauté. Elle seroit due enfin à tous ces objets beaucoup plus qu'à aucune des institutions que le meilleur des gouvernemens puisse former, parce que la sûreté & le bonheur de la société & de tous les individus en dépendent.

L'état le plus parfait de civilisation est celui où le besoin du gouvernement se fait le moins sentir, & où chacun peut régler ses propres affaires & se gouverner soi-même. Mais ce principe est si contraire à la pratique des anciens gouvernemens, que leurs dépenses augmentent dans la proportion où ils devroient les diminuer. L'état civilisé exige un très-petit nombre de loix générales, & d'un usage si habituel & si nécessaire, que leur effet seroit absolument le même quand elles ne seroient pas appuyées par la forme du gouvernement

Considérons que les principes réunissent d'abord l'homme en société, & quels motifs déterminent ensuite leurs relations mutuelles; nous trouvons dans l'intervalle qui nous conduit de la société à ce qu'on nomme gouvernement que presque tout ce qui lui étoit nécessaire, s'effectuoit par l'action & réaction de chacune des parties de cette société.

L'homme, relativement à l'art de se gouverner en société, a beaucoup plus d'ordre & de conduite qu'il ne l'imagine, ou que ses gubernateurs voudroient le lui faire croire.

Toutes les loix fondamentales de la société sont des loix que prescrit la nature, & celles de commerce soit entre les individus, soit entre les nations, sont

des

des loix d'intérêt réciproque, & on leur obéit parce qu'il est de l'intérêt des parties de s'y soumettre, & nullement parce qu'elles sont l'ouvrage des gouvernemens.

Mais combien de fois la tendance naturelle de la société n'a-t-elle pas été dérangée & détruite par les opérations du gouvernement, quand, loin d'être greffé sur la nature, il veut exister pour lui & qu'il agit par faveurs ou oppressions ; alors il devient la cause des malheurs qu'il croit prévenir.

Si nous jettons en arrière un coup-d'œil sur les querelles & les révoltes qui ont eu lieu en angleterre, nous voyons qu'elles ne naissent pas du manque de gouvernement ; mais que le gouvernement en a été la première cause : au lieu de consolider la société, il la divisoit, lui ôtoit sa cohérence naturelle, formoit des mécontens, alimentoit des désordres qui, sans lui, n'auroient pas existé. Dans les associations que les hommes contractent entre eux, & dans lesquelles ils agissent purement d'après les principes de la société, voyez combien toutes les parties sont unies ; & les gouvernemens, loin d'être la cause ou le moyen de l'ordre, l'est quelquefois de leur destruction.

Les mouvemens de 1780, n'ont d'autre origine que la conservation des préjugés que le gouvernement avoit lui-même entretenus, mais quant à l'angleterre, ces mouvemens avoient encore d'autres causes.

Des taxes excessives & inégalement réparties, quoique déguisées dans leur mode, produisent nécessairement des effets qui se font tôt ou tard sentir ; et comme ils réduisent par-là une grande partie de la société à la pauvreté et au mal-aise, ils sont constamment préparés à l'insurrection ; et, dépourvus comme ils le sont malheureusement, des moyens de connoître leur état et d'exprimer leurs plaintes,

B

ils s'enflamment aisément pour la vengeance, dernier espoir des malheureux.

Quelle qu'en soit la cause apparente, la véritable cause d'une révolte est toujours le manque de bonheur. Voyez combien est faux le systême de ces gouvernemens qui outragent la félicité publique, seule conservatrice des institutions sociales.

Mais comme les faits prouvent encore mieux que les raisonnemens, l'exemple de l'Amérique vient à l'appui de ces observations. S'il est un pays au monde qui, d'après les combinaisons ordinaires, pouvoit le moins espérer une paix intérieure c'est l'Amérique. Composée de plusieurs peuples; (1) différens par leurs usages, leurs habitudes, leur langage, même par leur religion; leur union paroissoit infaisable; mais l'accord entre la forme du gouvernement, les principes de la société & les droits de l'homme, a vaincu les difficultés, & toutes les parties se sont rapprochées dans une union fraternelle. Là, le pauvre n'est point opprimé, le riche n'est pas privilégié, l'industrie n'est pas épuisée par la fastueuse extravagance d'une cour qui dévore le fruit de ses travaux. Les impôts sont peu

_____

(1) La partie de l'amérique, nommée vulgairement nouvelle-angleterre qui renferme le new-hampshire, massachusett, rhode-island et connecticut, est principalement peuplée de descendans anglais. L'état de new-york contient moitié d'allemands, & le reste d'anglais, d'écossais & d'irlandais. Le newjersey contient un semblable mélange La pensylvanie est composée d'un tiers d'anglais, d'un autre d'allemands, & le reste d'écossais, d'irlandais & de quelques suédois. Les états du sud contiennent un plus grand nombre d'anglais que ceux de l'intérieur; &, dans le nombre de ces peuples, on voit encore un nombre considérable de français, & quelques individus de toutes les autres nations dans les villes maritimes. La religion la plus dominante c'est la presbytérienne; mais toutes les sectes sont égales, & tous les hommes sont citoyens.

nombreux, parce que le gouvernement est juste; & comme il n'y existe aucune cause de misère, il n'existe aucun germe de révolte.

Un homme *métaphysique* tel que burke, a torturé son imagination pour découvrir jusqu'à quel point le peuple peut être gouverné. Il a supposé que quelques-uns devoient être conduits par la fraude, d'autres par la force, quelques-uns par des invitations particulières, que le génie doit être même à ses gages pour en imposer à l'ignorance & fasciner les yeux de la multitude. Perdu dans l'abondance de ses recherches, à force de résoudre & de résoudre encore ce qu'il a résolu, il finit par se détourner de la route facile qui s'ouvroit devant lui.

La révolution américaine, par un avantage inappréciable, nous conduit à la découverte des principes, & met en évidence les devoirs des gouvernemens. Toutes les révolutions, jusqu'à la révolution d'amérique, avoient été faites dans l'atmosphère des cours, & loin du *niveau* national. Les chefs de parti étoient toujours de la classe des courtisans, & dans leur rage de réforme ils conservoient l'astuce de leur état.

Toujours ils représentoient le gouvernement comme un composé de mistères dont eux seuls avoient la clef, & ils écartoient de l'entendement de la nation la seule chose qu'il lui étoit utile de savoir, que *le gouvernement n'est qu'une association nationale, agissant d'après les principes de la société.*

Ayant montré ce que l'état social & civil de l'homme peut produire par lui-même, indépendamment de tout gouvernement, il est nécessaire de jetter un coup-d'œil sur les anciens gouvernemens, pour examiner jusqu'à quel point leurs principes & leurs actes correspondent avec cet état social.

CHAPITRE II.

De l'origine des anciens gouvernemens actuels.

Il est impossible que les gouvernemens qui ont existé jusqu'à présent sur la terre, puissent avoir commencé autrement que par une violation de tous les principes. L'obscurité qui enveloppe leur origine prouve les iniquités qui ont présidé à leur formation. Mais l'origine des gouvernemens actuels de l'amérique & de la france ne s'effacera jamais, parce qu'il est honorable de s'en souvenir ; tandis que la flatterie a enseveli les autres dans la poussière des temps & sans aucune inscription.

Dans les âges anciens où les hommes étoient occupés isolément du soin de leurs troupeaux, il ne fut point difficile à des bandes de brigands de bouleverser une contrée & de la mettre à contribution. Leur pouvoir établi, le chef quitta le nom de *voleur* pour celui de *monarque*, delà l'origine des monarchies & des rois.

L'origine du gouvernement anglais à l'époque qu'on nomme celle de la monarchie, quoique des plus anciennes, est encore dans la mémoire des hommes. La haine pour les normands & leur tyrannie a poussé de trop profondes racines pour tomber dans l'oubli ; aucun courtisan ne parlera du *couvre feu* (1), mais aucun village de l'angleterre n'en a perdu le souvenir.

Ces bandes de voleurs ayant partagé la terre & formé leurs souverainetés, commencèrent à se quereller. Il parut juste à plusieurs que ce qui

_____
(1) *Curfeu-bell*, cloche qu'on sonnoit à 8 heures du soir sous guillaume le *conquérant*, pour faire éteindre les lumières & le feu des âtres.

avoit été enlevé par la violence pouvoit être légitimement pris une seconde fois ; un second brigand déposséda le premier. Successivement ils s'emparèrent des souverainetés qu'ils s'étoient eux-mêmes assignées, & la barbarie avec laquelle ils se traitoient entr'eux, montre le caractère primitif de la monarchie ; un scélérat torturant un autre scélérat. Le conquérant voyant dans l'homme soumis, non un prisonnier, mais une propriété ; il le traînoit dons son triomphe chargé de chaînes, & le condamnoit par caprice à la mort ou à l'esclavage. Lorsque le temps eut effacé la mémoire de cette origine, les successeurs prirent une forme nouvelle, mais leurs principes & leur but restèrent les mêmes. Ce qui étoit pillage, ils l'admirent sous le nom modéré d'impôt, & leur pouvoir usurpé dans l'origine devint un droit héréditaire.

Que peut-on attendre d'une telle origine de gouvernemens ? Un système continuel de guerre & d'extorsion. Il s'est établi en trafic. Ce vice n'est pas d'un seul gouvernement, mais le principe commun de tous. Il ne peut exister dans de pareils gouvernemens aucun germe de réforme, le remède le plus efficace est de recommencer l'ouvrage.

Quelles scènes d'horreur, quels rafinemens d'iniquité se présentent d'eux-mêmes dans la contemplation du caractère & dans l'histoire de pareils gouvernemens. Si nous voulions peindre la nature humaine avec une telle bassesse de cœur & une telle hypocrisie qu'on fût forcé d'en reculer d'horreur, que l'humanité la désavouera ; c'est d'après vous, rois courtisans, diplomates, qu'il faudroit tracer ce portrait. L'homme tel qu'il est avec tous les vices qu'il tient de la nature, n'est pas au niveau de ce caractère.

Peut-on supposer que si les gouvernemens avoient été formés dès leur origine sur des principes, &

n'eussent pas été intéressés à des principes contraires, le monde eut existé dans cet état de malheurs & de dissentions ? Quel motif auroit dans cet état le fermier pour quitter sa charrue, afin d'attaquer le cultivateur d'un autre pays ? Quel motif auroit le manufacturier ? Quel prix a la domination pour lui & pour telle autre classe de la société ? augmente-t-elle d'un seul arpent la fortune d'aucun individu ? augmente-t-elle la valeur de l'arpent ? Le prix d'une victoire ou d'une défaite n'est-il pas le même ? Un surcroît d'impôt n'en est-il pas la conséquence inévitable ? Mais cette manière de raisonner qu'adopte une nation, ne plaît pas à un gouvernement. La guerre est une *table de biribi*, où les gouvernemens sont les banquiers & les nations les dupes.

Si quelque chose peut surprendre dans ce tableau des gouvernemens, ce sont les progrès des arts paisibles, de l'agriculture, des manufactures & du commerce, sous cette longue accumulation de découragement & d'oppression : il sert à faire voir que l'instinct n'agit pas par de plus fortes impulsions sur les animaux, que le besoin de la société & de la civilisation n'agit sur l'homme. Malgré tous ces découragemens il se dirige vers son but & ne cède qu'à l'impossibilité.

CHAPITRE III.

De l'ancien & du nouveau systême du gouvernement.

Rien ne paroît plus contradictoire que les principes qui ont donné naissance aux anciens gouvernemens, & l'état où la société, la civilisation & le commerce sont capables d'élever les hommes. Le gouvernement de l'ancien systême, est une usurpation du pouvoir, pour son propre agrandissement ; le nouveau est une délégation du pouvoir, pour l'avantage commun de la société. Le premier se soutient au moyen d'un système de guerre ; le second par un système de paix, le seul moyen d'enrichir une nation ; l'un alimente les préjugés nationaux ; l'autre voudroit établir une fraternité générale, mobile d'un commerce universel. L'un mesure sa prospérité par la masse des revenus qu'il lève à force d'extorsions ; l'autre prouve son excellence, par la modicité des taxes dont il a besoin.

Burke a parlé de whigs anciens & nouveaux. S'il peut s'amuser d'épithètes & de distinctions puériles, je ne dois point interrompre ses plaisirs. Ce n'est point à lui, c'est à sieyes que j'adresse ce chapitre. J'ai déjà pris envers lui l'engagement de discuter le gouvernement monarchique, & comme ce sujet rentre de lui-même dans le parallèle de l'ancien & du nouveau système de gouvernement, je saisis cette occasion pour lui présenter mes observations. Par circonstance je pourrai rencontrer m. burke sur mon chemin.

Quoiqu'on puisse prouver que le système de gouvernement que l'on qualifie à présent de *nouveau*, est, dans ces principes, le plus ancien qui ait jamais existé, puisqu'il est fondé sur les droits primitifs & inhérens de l'homme. Cependant, comme la tyrannie & le fer avoient suspendu l'exercice de ces droits pendant des siècles, je serai mieux compris si je le distingue par l'épithète de nouveau, que si je lui rendois son titre légitime de plus ancien.

La première distinction générale qui s'offre entre ces deux systêmes de gouvernement, c'est que l'ancien est héréditaire en tout ou en partie, tandis que l'autre est entièrement représentatif. Il repousse, rejette toute fonction héréditaire, comme étant une tromperie faite au genre-humain ; comme étant insuffisante pour la détermination du gouvernement.

On ne peut prouver par quel droit le gouvernement héréditaire a commencé ? Nul pouvoir humain ne peut s'étendre jusqu'au droit de l'établir. L'homme n'a point d'autorité sur les générations à venir, quant au droit personnel, &, par conséquent, nul individu, nul coopération n'a eu, & ne peut avoir le droit de créer un gouvernement héréditaire. Supposez même qu'il nous fût possible de renaître, au lieu de notre postérité, nous n'aurions pas le droit de nous ravir maintenant les droits qui nous appartiendroient dans cette seconde existence. Sur quel fondement osons-nous donc prétendre les ravir aux autres ?

Tout gouvernement héréditaire est tyrannique de sa nature. Une couronne héréditaire, un trône transmissible, sous quel nom absurde qu'on le désigne, ne présente qu'une seule explication raisonnable : c'est que le genre-humain est une propriété transmissible. Hériter d'un gouvernement, c'est hériter des peuples, comme s'ils étoient des troupeaux.

Quant à la seconde assertion que le gouvernement héréditaire est insuffisant pour les données qui rendent les gouvernemens nécessaires, il n'est besoin, pour la mettre en évidence, que d'examiner l'essence du gouvernement, & de la comparer avec les chances du gouvernement héréditaire.

Il faut que le gouvernement soit toujours en pleine maturité. Il doit être combiné de manière qu'il soit préservé de tous les accidens auxquels l'homme individuel est exposé. Or, l'hérédité, sujette à tous ces accidens, est le mode de gouvernement le plus imparfait & le plus irrégulier.

Nous

Nous avons entendu nommer les *droits de l'homme*, système *nivellateur*; mais le seul système auquel le mot nivellateur soit applicable, est celui d'une monarchie héréditaire. Elle est un système d'égalisation morale ; elle confère, sans distinction, la même autorité à toutes espèces de caractères ; elle met au même niveau le vice & la vertu, l'ignorance & le savoir; en un mot, toutes les qualités bonnes ou mauvaises. Les rois se succèdent, nont point à titre de créatures raisonnables, mais par une filiation purement animale. On ne s'informe ni de leur caractère, ni de leurs facultés intellectuelles. Devons-nous être surpris de l'abjection de l'esprit humain dans les états monarchiques, puisque le gouvernement y est formé sur un niveau d'abjection ?--- Point de caractère fixe. Aujourd'hui un sentiment domine, le lendemain c'est un autre. Il change avec le tempéramment de chaque individu, & par le caractère de chaque successeur. Il prend tour-à-tour les divers attributs de l'enfance, de la décrépitude, de la caducité; tantôt entre les bras de sa nourrice, puis avec des lizières, on le voit aussi se traîner sur sa béquille. Il renverse l'ordre salutaire de la nature. Il donne à l'enfant, commande aux hommes; & les fantaisies de cet âge guident la maturité & l'expérience. En un mot, nous ne pouvons concevoir un mode de gouvernement plus ridicule qu'une monarchie héréditaire, sujette à toutes ces probabilités.

S'il pouvoit être fait une loi par la nature, ou un décret enregistré dans le ciel & promulgué sur la terre, qui fixât invariablement la vertu & la sagesse dans les castes privilégiées qui se perpétuent sur les trônes, il n'y auroit plus d'objection contre leur hérédité. Mais nous voyons la nature agir contradictoirement à ce système, comme voulant

C

en faire sentir le ridicule ; nous voyons dans tous les pays, que les facultés intellectuelles des monarques, pour qui leur naissance fut un garant de la souveraineté, sont au-dessous des esprits les plus médiocres. Celui-ci est un tyran, celui-là un imbécile, cet autre un insensé ; quelques-uns réunissent ces trois qualités. Il est donc impossible d'avoir du bon sens & de se confier à ce mode de gouvernement.

Ce n'est point à l'abbé sieyes que j'ai besoin d'appliquer ce raisonnement ; il m'a épargné cette peine, en proposant son opinion. « Si l'on demande, dit-il, ce que je pense du droit d'hérédité, je réponds sans balancer, qu'en bonne théorie, la transmission héréditaire d'un pouvoir ou d'un emploi quelconque, ne peut jamais s'accorder avec les loix d'une véritable représentation : l'hérédité, dans ce sens, porte atteinte aux principes, autant qu'elle outrage la société. Mais, continue-t-il, consultons l'histoire de toutes les monarchies & principautés électives. Y en a-t-il une où le mode électif ne soit pire que la succession héréditaire ? »

Disputer lequel est le plus mauvais des deux, c'est convenir que tous deux sont mauvais ; & en cela nous sommes d'accord. La préférence que donne sieyes est une condamnation de la chose qu'il préfère. Une pareille manière de raisonner sur cet objet est inadmissible ; elle porte définitivement une accusation contre la nature, comme si elle n'avoit laissé de choix à l'homme, pour son gouvernement, qu'entre deux maux, dont le moins dangereux *porte atteinte aux principes & outrage la société*. Laissant de côté pour l'instant, toutes les calamités que la monarchie a causée sur la terre, rien ne prouve plus évidemment son inutilité, dans une forme quelconque de gouvernement civil, que le soin de la rendre héréditaire. Accorderionsnous ce droit d'hérédité pour une fonction qui demanderoit de la sagesse & des talens ? Eh bien, toutes fonctions, quelles qu'elles soient, où l'on peut se passer de talens & de sagesse, sont superflues & insignifiantes.

La succession héréditaire est le ridicule de la monarchie. Elle la met sous le point de vue le plus burlesque, en faisant d'elle une charge que peuvent remplir des enfans & des idiots. Il faut avoir quelques talens pour être simple ouvrier; il n'est besoin pour être roi, que d'avoir la forme humaine, que d'être un automate vivant. Cette espèce de superstition peut durer encore quelques années, mais elle ne résistera pas long-temps au reveil de la raison, à la connoissance plus approfondie du véritable intérêt de l'homme.

Pour m. burke, il est le zélateur de la monarchie, non pas tout-à-fait comme pensionnaire, s'il en est un, comme je le pense; mais en qualité d'homme d'état. Il a conçu pour le genre humain un mépris que le genre humain se fait un devoir de lui rendre. Il le considère comme un troupeau d'êtres qu'il faut gouverner par l'astuce, les illusions & le faste; & suivant lui, une idole sur le trône y figureroit aussi bien qu'un homme. Je lui dois cependant la justice d'avouer qu'il a été fort poli envers l'amérique. Je l'ai toujours entendu soutenir que les américains étoient plus éclairés que les anglais ou toute autre nation européenne, & que par conséquent leur gouvernement pouvoit se passer d'illusions.

Quoique la comparaison faite par sieyes, entre la monarchie héréditaire & la monarchie élective nous soient inutiles, puisque le système représentatif les rejette l'une & l'autre, si j'avois à faire ce parallèle, je déciderois autrement que lui.

Les guerres civiles occasionnées par des droits héréditaires en litige, sont plus nombreuses, ont été plus sanglantes, ont duré plus long-tems, que celles occasionnées par les élections. Toutes les guerres civiles dont la france a gémi, ont pris leur source dans le système de l'hérédité; elles furent produites soit par des prétentions à l'hérédité, soit par l'imperfection de la forme héréditaire, qui admet les régences, c'est-à-dire la monarchie en nourrice. A l'égard de la grande-bretagne, son histoire est pleine de semblables malheurs. Les quérelles pour la succession entre les maisons d'york & de lancastre, durèrent un siècle entier; & d'autres de même nature, se sont renouvellées depuis cette époque. Celles de 1715 & de 1745, n'avoient pas d'autre cause. La guerre de succession pour la couronne d'espagne divisa presque la moitié de l'europe. Les troubles de hollande sont venus de l'hérédité du stathouderat.

Une fonction héréditaire, dans un gouvernement qui s'appelle libre, est une épine dans le pied; elle y cause une fermentation qui tend à s'en débarrasser.

Je pourrois encore aller plus loin, & rapporter à la même cause les guerres étrangères de quelque nature qu'elles soient. C'est l'addition des fléaux de l'hérédité à celui de la monarchie, qui enfante des intérêts de famille, toujours subsistans, ayant toujours en vue la domination & les impôts. La pologne, quoique le trône y soit électif, a eu moins de guerres que les états où le trône est héréditaire; & son gouvernement est le seul, qui ait essayé de lui-même, quoique d'une manière imparfaite, de réformer la constitution du pays.

Après avoir jetté un coup d'œil rapide sur les vices des anciens systêmes de gouvernement, ou systême d'hérédité, comparons les avec le nouveau systême ou le mode représentatif.

Le systême représentatif choisit pour bases la société & la civilisation; la nature, la raison & l'expérience lui servent de guides.

L'expérience de tous les tems & de tous les âges, a démontré qu'il est impossible de contredire la nature dans la distribution des facultés intellectuelles. Elle les dispense à sa volonté. Quelque règle qu'elle paroisse suivre pour les disséminer parmi les hommes, cette règle demeure un secret pour nous : il seroit aussi ridicule de prétendre fixer l'hérédité de la beauté, que celle de la sagesse. On aura beau définir la sagesse; elle n'en sera pas moins comme une de ces plantes qui naissent sans être semées. On peut les cultiver lorsqu'elles germent; mais on ne peut les faire naître à la volonté. La masse générale de la société possède toujours une quantité suffisante de sagesse pour subvenir à ses besoins; mais elle n'est pas constamment le partage des mêmes parties du corps social; tantôt elle se montre dans un lieu, tantôt dans un autre : sans doute elle a circulé dans toutes les familles de la terre, sans se fixer dans aucune.

Puisque tel est l'ordre de la nature, celui du gouvernement doit nécesssairement le suivre, ou bien le gouvernement, comme nous le voyons, dégénère en ignorance. Le système héréditaire ne répugne donc pas moins à la sagesse humaine, qu'aux droits de l'humanité; il n'est pas moins absurde qu'injuste.

De même que la république des lettres donne naissance aux meilleures productions littéraires, en ouvrant au génie une carrière brillante & universelle, ainsi le système d'un gouvernement représentatif est combiné de manière à produire les loix les plus sages, puisqu'elle va chercher la sagesse par-tout où elle se trouve. Je souris en moi-même, lorsque je songe à la ridicule nullité dans laquelle tomberoient la littérature & toutes les sciences, si l'on en faisoit des professions héréditaires; & j'applique la même idée aux gouvernemens. Un administrateur héréditaire est autant absurde, qu'un auteur par droit de succession. Je ne sais pas si homère ou euclide ont eu des fils; mais je ne crains pas d'avancer que, s'ils eussent laissé leurs ouvrages imparfaits, leurs fils ne les auroient pas achevés.

Nous ne pouvons donner d'évidence plus forte à l'absurdité d'un gouvernement héréditaire, qu'en jettant les yeux sur les descendans des hommes qui se sont rendus fameux? A peine peut-on citer un seul exemple où la postérité d'un grand homme n'ait pas offert un caractère précisément opposé. On diroit que les facultés intellectuelles sont un fleuve qui, après avoir coulé dans certains canaux, suspend sa course pour en former une nouvelle. Rien n'est donc plus déraisonnable que le système de l'hérédité, puisqu'il établit deux canaux de puissance, où la sagesse refuse de couler. En propageant cette absurdité, l'homme est toujours en contradiction avec lui-même. Il accepte pour roi, pour principal magistrat, pour législateur, un individu qu'il ne choisiroit pas pour commissaire de police.

Des esprits superficiels croient que les révolutions enfantent le génie & les talens; mais non. Ces sortes d'événemens ne font que les développer. Il existe dans l'homme une masse de sens dans un état d'inertie, & qu'il emporte avec soi dans le tombeau, sans en avoir fait usage, à moins que les circonstances ne la mettent en action. Or, comme il est de l'avantage de la société que toutes les facultés qui sont en elle soient employées, le gouvernement doit être organisé de manière à développer, au moyen d'une opération régulière & tranquille, toutes les ressources intellectuelles qui ne manquent jamais de se montrer dans les révolutions.

Ce développement ne sauroit avoir lieu dans l'insipide état du gouvernement héréditaire, non-seulement parce qu'il empêche ce qui par essence nuit à sa formation, & fait naître l'abâtardissement des esprits. Quand le génie d'un peuple est affaissé par une superstition politique, telle que l'hérédité de la couronne, il perd une portion considérable de son aptitude pour tout le reste. La succession héréditaire exige la même soumission qu'à l'ignorance; la sagesse, & quand une fois l'ame s'est pliée à ce respect commandé, elle ne peut plus atteindre la maturité intellectuelle de son être. Elle ne plus être grande que dans les petites choses. Elle se trahit elle-même, & repousse ce sentiment intime qui le presse de s'avouer coupable.

Quoique les anciens gouvernemens ne nous offrent qu'une peinture affligeante de la condition de l'homme, il en est un cependant qui mérite plus qu'aucun autre d'être séparé de cette loi commune. C'est la démocratie des athéniens. Ce peuple vraiment grand, ce peuple extraordinaire, mérite plus d'admiration, & moins de censure qu'aucun de ceux dont parle l'histoire.

M. Burke est si peu instruit des principes constitutifs des gouvernemens, qu'il confond la démocratie avec la représentation. La représentation étoit une chose ignorée dans les anciennes démocraties. La totalité du peuple s'y assembloit, & y faisoit les loix (à la première personne, pour nous servir d'une expression grammaticale.) La démocratie pure n'est autre chose que le forum des anciens gouvernemens, aussi-bien que son principe public. A mesure que ces démocraties devinrent plus populeuses, & que leur territoire s'aggrandit, la simple forme démocratique devint incommode & impraticable; & comme le système de la représentation étoit inconnu, il s'ensuivit que des convulsions subites les firent dégénérer en monarchies;

ou qu'elles furent envahies par celles qui existoient alors. Si l'on avoit aussi bien connu à cette époque le système représentatif qu'on le connoît de nos jours, il y a tout lieu de croire que ces modes de gouvernement, que nous appellons monarchiques ou aristocratiques, n'auroient jamais pris naissance. Ce fut le besoin d'un système qui put consolider l'union des diverses parties de la société, lorsqu'elle fut devenue trop nombreuse & trop vaste pour la simple forme démocratique, peut-être aussi parce que des hommes amollis & isolés par la vie pastorale, furent aisément la proie de quiconque voulut les asservir, que ce mode de gouvernement put s'introduire.

Comme il est nécessaire de dissiper les erreurs dont on a chargé la théorie du gouvernement, je vais en relever quelques autres.

Une des finesses politiques des courtisans & des cours, a toujours été d'injurier ce qu'ils appellent le *républicanisme*; mais ils ne cherchent jamais à définir ce qu'on a dit, ce qu'on doit entendre par ce mot. Examinons ce qu'il signifie.

Les seules formes de gouvernement sont : la démocratie, l'aristocratie, la monarchie, & ce qu'on appele maintenant le gouvernement représentatif.

Ce qu'on nomme *république*, ce n'est point une *forme particulière* de gouvernement. Ce mot exprime le but, la manière ou l'objet qui nécessite l'institution du gouvernement, & ce à quoi il doit être occupé, RES PUBLICA; les affaires publiques, le bien général, ou pour le traduire littéralement, la *chose publique*. C'est un mot dont l'origine est bonne, en ce qu'il rappelle la nature & les soins indispensables du gouvernement; & dans ce sens, il est intrinsèquement l'opposé du mot *monarchie* dont l'étymologie offre une signification abjecte. Elle annonce un pouvoir arbitraire dans les

les mains d'un individu, qui l'emploie pour la *chose personnelle*, & non pour la *chose publique*.

Tout gouvernement qui n'agit point suivant le principe d'une république, ou, en d'autres formes, qui ne rend pas la *chose publique*, son seul & unique objet, n'est pas un bon gouvernement. Le gouvernement républicain n'est autre qu'un gouvernement établi & exercé pour l'intérêt du tout & de chacune de ses parties. Il n'est pas nécessairement lié à tel ou tel mode ; mais il se concilie naturellement avec le mode représentatif, comme le plus propre à garantir aux nations les avantages qu'elles espèrent, en échange des frais du gouvernement.

Divers gouvernemens ont affecté de se nommer républiques. La pologne, alliage monstrueux d'une aristocratie héréditaire & d'une monarchie élective, ne craint pas de s'arroger ce nom. De même la hollande, dont le gouvernement est principalement aristocratique, est encore surchargé d'un stathoudérat héréditaire. Mais il n'existe à présent de véritable république dans son essence & dans son application, que le gouvernement des états-unis d'amérique, qui porte tout entier sur le système représentatif. Son gouvernement n'a point d'autre objet que les affaires publiques de la nation, c'est une *chose publique* proprement dite, & les américains ont eu soin qu'il en fût exclusivement occupé, en établissant uniquement la *république* sur les bases de la représentation, & en rejetant toute espèce d'hérédité.

Ceux qui ont dit que le gouvernement républicain n'est point applicable aux pays d'une grande étendue, se sont trompés en ce qu'ils ont confondu l'objet du gouvernement avec sa forme ; car la *chose publique* est de tous les pays quelle que soit leur étendue & leur population. En second lieu, ils n'ont entendu, sous le mot république, que la sim-

D

ple forme démocratique, telle qu'elle existoit dans les anciennes démocraties où l'on ne connoissoit pas le mode représentatif. Il n'est donc pas vrai qu'une république ne sauroit avoir beaucoup d'étendue, mais une vaste république ne sauroit admettre la simple forme de la démocratie pure; & ceci amène naturellement la question de savoir *quelle forme de gouvernement vaut le mieux pour diriger la* CHOSE PUBLIQUE *d'une nation, lorsqu'elle est devenue trop grande & trop populeuse pour admettre la forme démocratique dans sa simplicité?*

Ce ne peut être la monarchie, car la monarchie présente les mêmes objections que la démocratie pure.

Il est possible qu'un individu conclue un assemblage de principes, d'après lesqueles il établisse un gouvernement constitutionnel pour une étendue quelconque de territoire. Je ne vois là qu'une opération de l'esprit, agissant par ses propres forces. Mais l'application de ces principes aux circonstances nombreuses & variées d'une nation, à son agriculture, à ses manufactures, à son commerce, &c. &c., exige des connoissances d'un autre genre qu'on ne peut recueillir que dans les diverses classes de la société. C'est un assemblage de connoissances pratiques, qu'aucun individu ne sauroit posséder : ainsi, dans l'application, l'insuffisance des lumières prescrit au gouvernement monarchique, des bornes aussi étroites qu'une grande population au gouvernement démocratique. Trop d'extension plonge celui-ci dans le désordre, & livre le premier aux funestes effets de l'ignorance & de l'incapacité, comme toutes les grandes monarchies en sont la preuve. Il est donc impossible de substituer la monarchie à la démocratie pure, la somme des inconvéniens étant égale pour toutes les deux.

Les inconvéniens sont encore plus considérables, quand la monarchie est héréditaire. De toutes les formes de gouvernement, c'est elle qui repousse le plus les lumières. Jamais l'ame fière du républicain n'eût consenti à se laisser gouverner par des enfans, des imbéciles, par cette bigarrure successive de personnages insignifians, qu'entraîne avec soi une filiation purement animale à la honte & à la perte de la raison & de l'espèce humaine.

Quant à la forme aristocratique, elle a les mêmes vices & les mêmes défauts que la monarchie, excepté que la chance des talens y est moins bornée, en ce que le nombre des agens est plus considérable ; mais elle n'offre pas plus de garantie pour la justesse de leur application. (1)

Il ne faut donc chercher que dans la démocratie pure les véritables données qui peuvent servir de base à un gouvernement étendu. Elles n'est point susceptible d'extension ; sa forme ne sauroit s'y prêter, au lieu que la monarchie & l'aristocratie ne s'y refusent que par impuissance ; ainsi en conservant la démocratie comme base, & rejettant les formes corrompues de la monarchie & de l'aristocratie, nous découvrons naturellement le système représentatif, qui remèdie tout-à-la-fois, aux vices de la forme démocratique, & à l'insuffisance des lumières, caractère inhérent aux deux autres.

La démocratie pure étoit une société qui se gouvernoit elle-même sans avoir recours à des moyens secondaires. Greffez le système représentatif sur la démocratie ; vous aurez un système de gouvernement capable d'embrasser & de lier ensemble tous les intérêts d'un peuple nombreux, toutes les parties d'un vaste territoire, & avec une foule d'avantages aussi supérieurs au gouvernement héréditaire, que la république des lettres l'est à une caste héréditaire de littérateurs.

_____

(1) V. le caractère de l'aristocratie dans mon premier ouvrage des droits de l'homme, page 70 de l'original anglais.

Les américains ont formé leur gouvernement sur la représentation basée sur la démocratie. Ils ont tracé le mode sur une échelle qui, dans toutes les hypothèses, se prête à l'extension du principe. Ce qu'athènes étoit en miniature, l'amérique l'est en grand. L'une étoit la merveille de l'ancien monde ; l'autre est devenue l'admiration & l'exemple du monde moderne. La forme de son gouvernement est la plus facile à comprendre, la plus avantageuse dans la pratique, elle exclud en même temps l'ignorance & l'incertitude du mode héréditaire, & les inconvéniens de la démocratie pure.

Il est impossible de concevoir un système de gouvernement capable d'embrasser un territoire aussi vaste, & des intérêts aussi variés, & d'une manière aussi immédiate que le mode représentatif. La france, malgré sa population & sa grandeur, n'est qu'un point relativement à l'extension de ce système. Il s'accommode à toutes les possibilités. Il est préférable à la démocratie pure, même dans un petit territoire. Athènes l'auroit substitué avec avantage à sa démocratie.

Ce qu'on appelle gouvernement, ou plutôt, le gouvernement tel qu'il faut le concevoir, n'est autre chose qu'un centre commun, où s'unissent toutes les parties de la société. Or, on ne sauroit obtenir ce centre d'union par une méthode plus favorable aux intérêts divers de la communauté, & qui les favorise mieux que le mode représentatif. Il rassemble les connoissances nécessaires à l'avantage du tout & des parties. Il fixe le gouvernement dans un état de maturité constante. Il n'est jamais ni jeune ni vieux, comme je l'ai déjà observé. Il n'est sujet ni aux minorités, ni aux décrépitudes. Il n'est jamais au berceau, ni supporté par des béquilles. Il n'admet pas de distinction entre les lumières & la puissance, il est enfin à l'abri, autant qu'un gouvernement peut l'être, de tous les accidens qui peuvent subvenir aux individus ; & par conséquent il est supérieur à ce que l'on nomme monarchie.

Une nation n'est point un corps, que l'on puisse représenter sous l'emblême du corps humain ; elle est plutôt l'image d'un cercle, ayant un centre commun, auquel tous ses rayons aboutissent, & c'est la représentation qui forme ce centre. L'alliage de la représentation & de ce qu'on appèle monarchie, constitue un gouvernement excentrique ; la représentation est elle-même la monarchie déléguée par la nation ; elle ne peut s'abaisser par un partage avec un autre.

M. burke, dans ses discours au parlement & dans ses ouvrages, a employé deux ou trois fois un jeu de mots, qui ne fait naître aucune idée. » Il vaut mieux, dit-il, avoir la monarhie pour » base, & le républicanisme pour correctif, que » la première pour correctif & le second pour base. S'il veut faire entendre qu'il vaut mieux se servir de la sagesse pour corriger la folie, que de la folie pour corriger la sagesse, nous sommes à-peu près du même avis ; seulement je pense qu'il vaudroit beaucoup mieux rejeter entièrement la folie.

Mais qu'est-ce que m. burke appèle monarchie ? Voudra-t-il bien nous l'expliquer ? Tout homme est capable d'entendre ce que c'est que la représentation, & de concevoir qu'elle renferme nécessairement une grande variété de connoissances & de talens. Mais qui nous garantira les mêmes avantages du côté de la monarchie ? Ou bien, lorsque cette monarchie est le partage d'un enfant, où se trouve la sagesse ? La monarchie alors a-t-elle la moindre notion du gouvernement ? Où est alors le monarque ; où est alors la monarchie ? Si une régence en est chargée, ce n'est qu'une misérable farce. Une régence est la parodie d'une république ; & la monarchie, dans son ensemble, ne mérite pas une autre définition : c'est une chose aussi variée qu'il est possible à l'imagination de la peindre; elle n'a rien du caractère stable qui doit appartenir au gouvernement. Chaque succession est une révolution, & chaque régence est une contre-révolution. La monarchie n'offre, dans son ensemble, qu'une scène perpétuelle d'intrigues & de cabales de cour, dont m. burke est lui-même un exemple. Pour rendre la monarchie compatible avec le gouvernement, il faudroit que l'héritier présomptif ne passât point par l'enfance, & naquît homme fait, & que cet homme fût un salomon. Il est ridicule que le gouvernement soit interrompu, & que des nations attendent, pour être gouvernées, que des enfans deviennent des hommes.

Mais il est certain que la forme de gouvernement, appellée monarchie, me paroît toujours une institution folle & méprisable. Je la compare à je ne sais quoi qu'on tient caché derrière un rideau, avec beaucoup d'appareil & de bruit, & une grande affectation de solennité; si le rideau vient à s'ouvrir, & qu'on apperçoive l'objet, on se met à rire.

Rien de semblable ne peut arriver dans le gouvernement représentatif. Comme la nation elle-même, il possède une stabilité constante, soit au moral, soit au physique, & se présente à découvert, sur le théâtre du monde, d'une manière franche & noble. Quels que soient ses avantages & ses défauts, chacun est à portée de les appercevoir. Il n'existe point à l'aide de la fraude & du mystère; il ne trafique point de babil & de sophismes; mais il inspire un langage qui part du cœur, s'adresse au cœur, & se fait en même tems sentir & comprendre.

Il faut fermer les yeux à la raison, il faut dégrader notre jugement de la manière la plus honteuse, pour ne pas voir l'extravagance de ce qu'on entend par monarchie. La nature est régulière dans tous ses ouvrages, & cette forme de gouvernement contredit la nature. C'est en raison inverse de leurs talens, qu'elle met les hommes en évidence. Elle expose la vieillesse à être gouvernée par l'enfance, & la sagesse à l'être par la folie.

Le système représentatif, au contraire, est toujours conforme aux loix immuables, à l'ordre constant de la nature; &, dans toutes ses parties, il est d'accord avec la raison : exemple :

Dans le gouvernement fédératif de l'amérique, le pouvoir délégué au président des états-unis, est plus étendu que celui d'aucun autre membre du congrès. Aussi ne peut-il être élu à cette place, à moins qu'il n'ait 35 ans passés. A cet âge, le jugement de l'homme acquiert de la maturité; il a vécu assez long-temps pour connoître & les hommes & les choses, & pour être connu de ses concitoyens. Mais dans le gouvernement monarchique, (sans parler des nombreuses chances, qui, dans la loterie des facultés intellectuelles, sont au désavantage de quiconque y prend un billet en naissant) le premier, dans l'ordre de la succession, est placé, quel qu'il soit, à la tête d'une nation à l'âge de dix-huit ans. Cet arrangement paroît-il dicté par la sagesse ? Ne choque-t-il pas le caractère auguste & mâle d'une nation ? N'est-il pas absurde d'appeller un semblable étourdi le père du peuple ? — Dans tout autre position, on est mineur jusqu'à vingt-un an; avant ce terme, la direction d'un seul arpent de terre ne sauroit vous être confiée ; vous ne pouvez disposer de la propriété transmissible d'un troupeau ; &, chose incroyable ! le sort d'une nation peut vous être remis ?

Sous tous les points de vue la monarchie est, à mes yeux, une fascination de cour, destinée à nous extorquer de l'argent. Il seroit impossible, dans le système raisonnable du gouvernement représentatif, de former un état de dépenses dont le total fut aussi énorme que les frais de cette imposture. Le gouvernement en lui-même n'est pas une institution fort coûteuse. Tous les frais du gouvernement fédératif de l'amérique, fondé, comme je l'ai dit plus haut, sur le système représentatif, & qui embrasse une région dix fois aussi vaste que l'angleterre, ne s'élèvent qu'a six cens mille dollars, ou cent trente-cinq mille livres sterlings.

Sans doute qu'aucun homme de sang-froid ne mettra le caractère d'aucun souverain de l'europe en parallèle avec celui du général washington. Cependant, en france & en angleterre, la liste civile, allouée pour la subsistance d'un seul homme, coûte huit fois plus que tout le gouvernement fédératif d'amérique : il paroît presqu'impossible de rendre raison de ce contraste. Le peuple d'amérique en général, sur-tout la partie indigente, est plus en état de payer des taxes que celui de france ou d'angleterre.

Mais le fait est que le gouvernement représentatif dissemine, dans une nation, une telle masse de lumières sur le gouvernement, qu'il bannit l'ignorance & ferme tout accès à l'imposture. L'astuce des cours est inutile, dans les pays où ce gouvernement est en vigueur. Le mystère n'y trouve point de place; il ne peut s'acrocher nulle part. Ceux qui ne sont point membres de la représentation, en savent autant sur les affaires de l'état, que ceux qui le composent. L'affectation d'une importance mystérieuse appelleroit sur elle une sévère vigilance. Les nations ne peuvent avoir de secrets ; & les secrets des cours, de même que ceux des individus, sont toujours la partie honteuse de leur conduite.

Il faut, dans le système représentatif, que les causes & les motifs de toutes les actions du gouvernement soient rendus publics. Chaque citoyen y

participe

participe au gouvernement, & se fait un devoir d'en saisir la marche. Il y va de son intérêt, puisqu'il s'agit de sa propriété. Il examine les frais & les compare avec les avantages, & sur-tout il n'adopte point la servile habitude de suivre ce qu'on appelle, dans les autres gouvernemens, des MENEURS.

Ce ne peut être qu'en aveuglant notre faculté pensante, en faisant croire aux hommes que le gouvernement est une chose singulièrement mystérieuse, que l'on obtient des revenus excessifs. La monarchie est bien calculée pour atteindre à ce but. C'est la papauté du gouvernement ; un joujou que l'on garde pour amuser les simples, & leur faire payer, sans murmures, des impôts exhorbitans.

Le gouvernement d'un pays libre ne réside point dans les hommes, mais dans les loix. Il en coûte peu pour les mettre en vigueur, & lorsqu'on a pourvu à leur exécution, le gouvernement civil est complet. Tout le reste est le fruit de l'astuce des cours.

CHAPITRE IV.

Des constitutions.

Il est évident que les hommes entendent des choses distinctes, lorsqu'ils parlent de constitution & de gouvernement, où il seroit inutile de conserver ces deux mots? Une constitution n'est point l'acte d'un gouvernement ; c'est celui d'une nation, qui constitue un gouvernement, & tout gouvernement sans constitution est un pouvoir illégal.

Tout pouvoir exercé sur une nation, doit avoir un commencement. Il faut qu'il soit délégué, ou qu'on se l'arroge. Tout pouvoir délégué est un dépôt : tout pouvoir qu'on s'arroge est une usurpation. Le tems ne sauroit changer la nature de ces deux origines.

La révolution d'amérique & ce qui l'a suivie,

nous présentent l'image d'une société qui commence à s'organiser, & les événemens qui se sont passés sous nos yeux, abrègent nos recherches sur l'origine du gouvernement. Nous n'avons pas besoin de chercher des renseignemens dans les ténèbres de l'antiquité, ou d'errer au hasard sur des conjectures. Nous assistons à la première formation du gouvernement, comme si nous avions vécu dans l'enfance du monde. Le livre réel, non de l'histoire, mais des faits, est ouvert devant nous, & ses pages n'ont été mutilées, ni par les mensonges, ni par les traditions.

Je vais développer en peu de mots le commencement des constitutions américaines, & cette notice suffira pour démontrer la différence des constitutions aux gouvernemens.

Il n'est pas hors de propos de rappeller au lecteur que les états-unis de l'amérique sont composés de treize états séparés, dont chacun établit un gouvernement dans son sein, après qu'ils se furent déclarés indépendans, le 4 juillet 1776. Dans la formation de ces gouvernemens, chaque état suivit une marche indépendante de celle des autres; mais tous portent sur le même principe. Ces gouvernemens partiels, une fois établis, les états procédèrent à la formation du gouvernement fédératif, dont l'influence s'étend dans tous les états; dans les affaires qui concernent l'intérêt de tous, ou qui ont rapport à leurs relations, soit respectives, soit étrangères. Je commencerai par donner une idée de l'un de ces gouvernemens partiels, celui de la pensylvanie, je passerai ensuite au gouvernement féodal.

L'état de pensylvanie, quoiqu'à-peu-près aussi étendu que l'angleterre, n'étoit alors divisé qu'en douze comtés. Chacun de ces comtés avoit élu un comité au commencement de la querelle avec le gouvernement anglais; & comme la ville de philadelphie, qui avoit aussi son comité, étoit la plus à portée des nouvelles extérieures, elle devint le centre de communication de divers comités. Lorsqu'il devint nécessaire de procéder à la formation d'un gouvernement, le comité de philadelphie proposa que tous les comités des comtés, tinssent une conférence dans cette ville; cette conférence s'ouvrit dans les derniers jours du mois de juillet 1776.

Quoiqu'élus par le peuple, ces comités ne l'avoient pas été précisément pour former une constitution; ils n'étoient pas non plus investis de l'autorité nécessaire; & comme, d'après l'idée qu'on avoit, en amérique, des droits des peuples, ils ne pouvoient s'arroger ce pouvoir; leurs fonctions se bornoient à conférer sur cet objet, & à lui donner la première impulsion. Aussi la conférence ne fit autre chose que déterminer le cas où l'on se trouvoit. Elle recommanda ensuite aux divers comtés d'élire chacun six représentans, qui s'assembleroient à philadelphie, sous le titre de *convention*, munis des pouvoirs nécessaires pour reviser une constitution, & la proposer à l'attention publique.

Cette convention, dont benjamin francklin fut président, après s'être assemblée, avoir délibéré sur une constitution, & l'avoir rédigée, en ordonna la publication; non comme une chose établie, mais pour qu'elle fût examinée, approuvée ou rejettée par tout le peuple. Cela fait, elle s'ajourna à une époque déterminée. Cette époque arrivée, la convention s'assembla de nouveau, & comme on savoit que l'opinion générale du peuple étoit en faveur de la constitution proposée, elle fut signée, scellée & proclamée de *l'autorité du peuple* & l'acte original fut déposé dans des archives nationales. La convention fixa pour lors le jour où seroient élus tous les représentans qui devoient composer le gouvernement,

& le tems où ils entreroient en fonctions. Après quoi, elle se sépara, & chacun de ses membres retourna dans ses foyers, & à ses occupations.

Cette constitution étoit précédée d'une déclaration des droits. Elle régloit ensuite la forme qu'auroit le gouvernement, & les pouvoirs dont il seroit investi; l'autorité des cours de judicature & des jurés; le mode des élections, & la proportion des représentans avec le nombre des électeurs; la durée de chaque assemblée successive, laquelle étoit fixée à un an; le mode de perception des revenus & la reddition des comptes, pour en vérifier l'emploi; la nomination des fonctionnaires publics, &c. &c.

Le gouvernement qui alloit exister n'avoit pas le droit de changer ou d'enfreindre à son gré un seul article de cette constitution. C'étoit une loi pour ce gouvernement. Mais comme il y auroit eu de la folie à s'interdire le bienfait de l'expérience, pour prévenir en même-tems l'accumulation des erreurs, s'il venoit à s'en trouver, & pour tenir le gouvernement à l'unisson des circonstances, dans tous les temps, la constitution portoit que tous les sept ans, on éliroit une convention, expressément chargée de la revoir, & d'y faire des changemens, des additions ou des retranchemens, suivant qu'on les jugeroit nécessaires.

Voilà une marche régulière, un gouvernement produit par une constitution, qui est l'ouvrage du peuple revêtu de son caractère primitif, & cette constitution sert, non-seulement à autoriser, mais encore à réprimer le gouvernement. Elle devient le livre-sacré de l'état. Toutes les familles s'empressèrent de l'avoir. Chaque membre du gouvernement se l'étoit procurée, & lorsqu'il s'élevoit un débat sur les principes d'un décret, ou sur l'étendue de quelqu'autorité, rien ne leur étoit plus ordinaire que de tirer de leur poche la constitution imprimée,

& de lire le chapitre qui avoit rapport au sujet de la discussion.

On peut juger d'après cet apperçu, de ce qui s'est passé dans chacun des autres états. Passons maintenant à l'origine & à la formation de la constitution fédérale des états-unis.

Le congrès, lors de ses deux premières sessions, en septembre 1774 & en mai 1775, n'étoit qu'une députation des législatures des différentes provinces, qui prirent ensuite le nom d'états. Il n'avoit point d'autre autorité que celle qui résultoit du consentement général & de la nécessité où il se trouvoit d'agir comme pouvoir constitué. Dans tout ce qui regardoit les affaires intérieures de l'amérique, le congrès se bornoit à adresser des recommandations aux différentes assemblées provinciales, qui étoient libres de s'y conformer ou de les rejetter. Rien de sa part n'avoit force coactive; & néanmoins, dans cette organisation incertaine, il étoit obéi plus fidellement & avec plus de zèle qu'aucun gouvernement de l'europe. Cet exemple, comme celui de l'assemblée nationale de france, prouve assez que la force du gouvernement ne réside pas dans lui-même, mais la confiance de la nation, & dans son intérêt de conserver l'unité sociale. Dès qu'il a perdu ces appuis, ce n'est plus qu'un enfant investi d'une ombre de pouvoir. Comme l'ancien gouvernement français, il peut fatiguer quelque temps les individus, mais par là même, il accélère sa propre ruine.

Les états-unis s'étant déclarés indépendans, le principe sur lequel est fondé le gouvernement représentatif demandoit que l'autorité du congrès fût définie & constituée. On ne demandoit pas encore si cette autorité seroit plus ou moins étendue que celle du congrès que la force des choses avoit formé; on vouloit seulement donner à ce corps une existence légale.

On proposa l'acte appellé *acte de confédération*, qui étoit une sorte de constitution fédérale imparfaite, & après de longues délibérations, il fut terminé en 1781. Cet acte n'étoit point au nom du congrès, parce qu'il répugne aux principes du gouvernement représentatif qu'un corps se donne lui-même des pouvoirs. Le congrès commença par notifier aux différens états les pouvoirs dont il jugeoit nécessaire d'investir la confédération, pour la mettre en état de remplir les devoirs & de rendre les services que l'on attendoit d'elle ; les états convinrent de tout, les uns avec les autres, & concentrèrent dans le congrés leurs pouvoirs collectifs.

Il est bon d'observer que dans ces deux exemples, celui de la pensylvanie, & celui des états-unis, on ne voit aucune trace d'un pacte fait entre le peuple d'une part, & le gouvernement de l'autre. Le pacte avoit lieu de peuple à peuple ; il avoit pour objet de créer & de constituer un gouvernement. Supposer qu'un gouvernement quelconque puisse former, comme partie contractante, un pacte avec la totalité du peuple, c'est supposer qu'il existe avant qu'il ait droit d'exister. Il ne peut exister qu'un pacte entre le peuple & les agens du gouvernement ; c'est pour statuer que le peuple les paiera, tant qu'il lui plaira de les employer.

Le gouvernement n'est pas un négoce, qu'un individu, quelconque, ou une corporation d'individus puisse entreprendre & exercer pour son profit ; c'est un dépôt toujours appartenant à ceux qui l'ont délégué, & qu'ils sont toujours maîtres de reprendre. Le gouvernement n'a point de droits intrinsèques ; il n'a que des devoirs.

Maintenant que j'ai donné ces deux exemples de la formation originaire d'une constitution, je vais parler des changemens que celle de chaque état en particulier, & celle des états-unis ont éprouvés depuis leur établissement.

L'expérience prouva que les constitutions avoient délégué des pouvoirs trop étendus aux gouvernemens partiels, qu'elles avoient créés ; & que l'acte de confédération en avoit remis de trop bornés au gouvernement collectif. Le principe étoit bon ; la distribution du pouvoir étoit seule défectueuse.

Il parut une foule d'écrits périodiques & particuliers sur la convenance & la nécessité de réfondre le gouvernement fédéral ; après qu'on eut discuté ce sujet, pendant un certain temps, *par la voie de l'impression* & dans les conversations particulières, l'état de virginie, appercevant quelques erreurs relatives au commerce, proposa une conférence continentale, & en conséquence de cette ouverture, les députés de cinq ou six assemblées d'états se réunirent, en 1786, à anapolis dans le maryland. Les membres de cette conférence, ne se croyant pas des pouvoirs suffisans pour s'occuper d'une réforme, arrêtèrent simplement leur opinion sur la maturité de cette mesure, & ils engagèrent tous les états à tenir l'année suivante une convention générale.

Cette convention s'assembla à philadelphie au mois de mai 1787, & le général washington fut élu président. Alors il n'avoit aucune relation avec les gouvernemens des états, ni avec le congrès. Il avoit donné sa démission à la fin de la guerre, & vivoit en simple citoyen.

La convention examina sous tous ces rapports, le sujet pour lequel elle se trouvoit assemblée. Enfin, après une infinité de débats & de discussions, elle prit un arrêté sur les différentes parties d'une constitution fédérale. Il ne restoit plus qu'à statuer sur la manière de lui imprimer l'autorité nécessaire & de la mettre à exécution.

Pour remplir ce but, elle n'agit point comme une faction de courtisans ; elle n'envoya point chercher un stathouder de hollande, ou un électeur d'allemagne; elle soumit cette grande question au bon sens & à l'intérêt du peuple.

Son premier soin fut de publier la nouvelle constitution. Elle invita chacun des états d'élire une convention, chargée expressément de l'examiner, de la ratifier ou de la rejetter. Elle arrêta de plus qu'aussitôt après l'assentiment & la ratification de neuf des états, ils procéderoient à l'élection du nombre de représentans qui leur étoit alloué, pour le nouveau gouvernement fédéral, & qu'alors, celui-ci commenceroit d'agir, en même-tems que l'ancien termineroit ses opérations.

En conséquence les états choisirent les membres de leurs conventions. Quelques-unes de ces conventions ratifièrent la constitution à de très-grandes majorités, & deux ou trois à l'unanimité des suffrages.

Ailleurs, il y eut beaucoup de débats & de diversité d'opinions. Dans la convention de massachussett, qui se tint à boston, sur environ trois cents membres, la majorité ne s'éleva pas au-dessus de treize ou de vingt voix, mais telle est la nature du gouvernement représentatif, qu'il décide paisiblement toutes les questions à la pluralité des suffrages. Quand la discussion fut fermée dans la convention de massachussett, que l'on eut recueilli les voix, les membres opposans se levèrent pour déclarer, « qu'ils avoient parlé & voté contre la
» nouvelle constitution, parce qu'ils envisageoient
» quelques-unes de ses parties sous un autre point
» de vue que le reste de l'assemblée; mais que la
» majorité ayant décidé en faveur de la constitu-
» tion, telle qu'elle étoit proposée, ils la main-
» tiendroient par leurs actions, comme s'ils eussent
» voté pour elle. »

Dès que neuf états eurent donné leur assentiment,

cet

cet exemple fut suivi par tous les autres dans l'ordre où leurs conventions avoient été formées. On renversa l'échafaudage du premier gouvernement fédéral, & l'on érigea le nouveau gouvernement, dont le général washington est président. Je ne saurais m'empêcher de remarquer ici, que les services & le caractère de ce citoyen, peuvent faire rougir de honte tous ces individus appellés rois. Tandis qu'ils reçoivent un salaire énorme qui leur est assigné sur les sueurs & les travaux de leurs semblables, salaire auquel ils n'ont droit ni par leurs travaux, ni par leurs talens, ce citoyen fait tous les services qui dépendent de lui, & refuse toute récompense *pécuniaire*. (1) Il a commandé en chef, sans appointemens ; il n'en reçoit aucun comme président des états-unis.

Après l'établissement de la nouvelle constitution fédérale, l'état de la pensylvanie, sentant que sa propre constitution avoit besoin de quelques changemeinens, élut une convention pour y procéder. Les modifications qu'elle proposa furent rendues publiques, & le peuple leur ayant donné sa sanction on les fit exécuter.

On remarque qu'il y eut à peine quelque mouvement, pendant qu'on rédigea ces constitutions, & qu'on tint les sessions des conventions réformatrices : les choses suivirent leur cours accoutumé ; & ces modifications ont produit de nombreux avantages.

Il y a toujours plus d'hommes intéressés aux succès d'une constitution juste, qu'il n'y en a d'intéressés à la conservation des abus ; & lorsque les affaires publiques sont soumises à l'exécution, surtout lorsque l'opinion générale est libre, ses déci-

---

(1) Payne, tu te dis philosophe, & tu avilis la pauvreté ?

sions ne sont jamais fausses, à moins qu'elles ne soient trop précipitées.

Dans ces deux exemples de changemens faits aux constitutions, les gouvernemens alors existans ne jouèrent aucun rôle. Ils n'avoient aucun droit de paroître dans les débats qui ont pour objet la formation ou la réforme des constitutions. Les constitutions & les gouvernemens qu'elles établissent, n'existent pas pour l'avantage des dépositaires de l'autorité.

Le droit de décider ces questions & de les mettre en exécution, est inhérent à ceux qui payent & non à ceux qui reçoivent.

Une constitution est la propriété nationale, & non la propriété des fonctionnaires : par une déclaration formelle, toutes les constitutions d'amériques sont établies de *l'autorité du peuple*. En france, au lieu du mot *peuple*, on emploie celui de nation ; mais qu'on se serve de l'un ou de l'autre, toujours est-il certain qu'une constitution est antérieure au gouvernement, & que ce sont deux choses très-distinctes.

Il est facile de voir qu'en angleterre, tout a une constitution excepté la nation seule. Chacune des sociétés ou associations établies a reconnu dans l'origine un certain nombre d'articles, & de ces articles a composé un réglement, qui forme sa constitution. Elle a ensuite nommé ses officiers, dont l'autorité & les fonctions sont indiquées dans cette constitution, & son gouvernement a dès-lors commencé. Ces officiers, quelque titre qu'on leur donne, n'ont point la faculté d'ajouter aux articles fondamentaux, de les altérer ou de les abroger. Ce droit n'appartient qu'au pouvoir constituant.

Pour n'avoir pas saisi la différence qui se trouve entre une constitution & un gouvernement, le docteur johnson & tous les écrivains de sa force, se sont toujours embarrassés dans leurs propres idées. Obligé de reconnoître qu'il doit exister quelque part une autorité suprême, ils ont attribué cette autorité à ceux qui gouvernent au lieu de la placer dans une constitution formée par le peuple. Lorsque cette autorité réside dans une constitution, elle a la nation pour soutien, & la souveraineté politique n'est point séparée de la souveraineté naturelle. C'est comme individu que les hommes sont soumis aux loix faites par les gouvernemens ; mais la nation exerce, au moyen de sa constitution, un pouvoir auquel la totalité du gouvernement est soumise, & ce pouvoir lui est naturel. Ainsi, l'autorité suprême en dernier ressort, & l'autorité constituante, ne sont qu'un même pouvoir.

Le docteur jonhson n'auroit pas commis une pareille erreur dans un pays où il existe une constitution, & lui-même sert à prouver qu'il n'en existe point en angleterre. — Mais on peut demander, & c'est une question digne d'être approfondie, pourquoi les anglais sont-ils si généralement persuadés qu'ils ont une constitution, si réellement ils n'en ont point ?

Pour résoudre ce problème, il est nécessaire d'examiner ce qu'on entend par constitution, sous ces deux aspects généraux ; savoir, lorsqu'elle crée un gouvernement & lui assigne des pouvoirs ; en second lieu, lorsqu'elle règle & circonscrit les pouvoirs qu'elle a délégués.

Si nous remontons à guillaume, le *bâtard*, nous voyons que le gouvernement de l'angleterre fut, dans l'origine, une tyrannie fondée sur une invasion & sur la conquête de l'isle. Il est donc manifeste que la nation a cru s'être donné une constitution, parce qu'à différentes époques, elle s'est efforcée de mettre un frein à cette tyrannie, & de la rendre plus supportable.

La grande charte, comme on l'appelloit jadis,

& qui ne vaut guères mieux qu'un almanach de l'an passé, n'avoit pour objet que de forcer le gouvernement à se désister d'une partie de ses usurpations. Elle ne créa point un gouvernement, elle ne lui délégua point de pouvoir, comme doit le faire une constitution. Son esprit, ses résultats n'annoncent point une autorité constituante; mais l'empressement de reconquérir des propriétés envahis. En effet, pour former une constitution, il auroit fallu qu'au préalable la nation eût entièrement chassé la force usurpatrice, comme la france vient de renverser le despotisme.

L'histoire des édouards & des henris, jusqu'à l'événement des premiers stuarts, offre des exemples de tyrannie aussi nombreux que le permettoient les limites posées par la nation. Les stuarts tâchèrent de passer ces limites, & leur sort est bien connu. Dans tous ces faits, nous ne voyons pas la moindre trace de constitution, mais seulement des bornes mises au pouvoir usurpé.

Après l'expulsion des stuarts, un autre guillaume, sorti de la même souche, & qui appuyoit ses prétentions sur la même origine, prit possession du trône. Et des deux fléaux entre lesquels la nation devoit opter, guillaume III & jacques II, elle choisit le moins dangereux; les circonstances l'obligeoient de prendre l'un ou l'autre. Ici se présente l'acte nommé *bill* ou déclaration des *droits*. Ce bill est-il autre chose qu'un marché, passé entre les agens du gouvernement, afin de se partager les pouvoirs, les profits & les privilèges. Le plus fort d'entr'eux dit aux autres : Vous aurez tout ; le reste sera pour moi ; » & à la nation, « vous, vous » aurez pour votre part le droit de pétition ». La chose étant ainsi, le bill des droits seroit mieux nommé, *le bill des torts & des outrages*. A l'égard de ce qu'on nomme la *convention parlementaire* ; elle fut son propre ouvrage ; elle créa l'autorité d'après laquelle on la voyoit agir Quelques personnes réunies appelèrent ainsi leur rassemblement. Plusieurs d'entr'elles n'avoient jamais été élues, & aucune ne l'avoit été pour cet objet.

Depuis guillaume III, & sur-tout depuis que, grace à walpole, la corruption a été le plus actif de la maison d'hanovre : ce bill des droits, monument d'une coalition insultante, a produit une espèce de gouvernement dont on ne peut donner une idée juste, qu'en l'appellant une législation despotique. Les parties peuvent bien s'embarrasser mutuellement; mais l'ensemble est illimité, & le seul droit que le gouvernement reconnoisse hors de lui, est le droit de pétition. Où est donc la constitution qui délègue ou qui restreint l'autorité ?

Quoiqu'une partie du gouvernement soit élective, ce gouvernement n'est-il pas moins despotique, si la totalité des personnes élues possède, sous le nom de parlement, une autorité illimitée? L'élection, en ce cas, est séparée de la représentation ; & c'est une part dans le despotisme que sollicitent *les candidats*.

Je ne puis me figurer qu'une nation assez éclairée, pour réfléchir sur ses droits, ait jamais conçu l'idée d'appeler ce mode une constitution ; mais le gouvernement avoit pris soin d'en répéter sans cesse le mot au peuple. Il a passé dans la circulation comme d'autres mots de tactique, à force d'être dans les discours parlementaires, de même que ces inscriptions, qui se présentent par-tout, tracées avec de la craye, sur les enseignes & sur les portes. Mais quelle que soit la constitution, elle a été, incontestablement, l'instrument le plus productif d'impôts que l'on ait jamais imaginé. Les impôts de la france, sous la nouvelle constitution, ne montent pas tout-à-fait à treize schellings par tête, (1) &, en angleterre, sous les auspices de la prétendue constitution actuelle, les taxes s'élèvent à quarante-huit schelings & six pences par tête, y compris les hommes, les femmes & les enfans, c'est-à-dire, à près de dix-sept millions sterling, non compris les frais de collecte, lesquels se montent à plus d'un million en sus.

Dans un pays tel que l'angleterre, où les habitans de chaque ville & de chaque comté, remplissent toutes les parties de l'administration civile, au moyen des officiers de section (2), des magistrats, des sessions de trimestre, des jurés & des assises, sans le concours du gouvernement, & sans autre dépense pour le trésor public, que le salaire des juges, on ne peut deviner l'emploi de cette masse énorme d'imposition. La défense intérieure de l'état n'y est pas même comprise. A chaque danger, réel ou chimérique, on a recours à de nouveaux emprunts, & à des taxes nouvelles. Il n'est pas surprenant qu'on exalte avec tant d'emphase, un gouvernement si avantageux aux orateurs de la cour ! Il n'est pas surprenant que les salles du palais saint-james & la chapelle de saint-

___

(1) Le total des contributions directes de la france, pour cette année, est de trois cents millions de livres, qui forment douze millions & demi de livres sterl., ce qui fait en tout quinze millions sterling & demi Or ce total, réparti sur vingt-quatre millions d'hommes, ne donne pas tout-à-fait treize schellings par tête. La france, depuis la revolution, a diminué ses impôts annuels d'environ neuf millions sterlings. Avant la révolution, la ville de paris payoit un droit de plus de trente pour cent, sur tous les articles qu'on y importoit. Ce droit étoit perçu aux entrées de la ville. Il fut aboli le premier mai 1791, & les barières disparurent.

(2) Parish officers.

étienne, retentissent sans cesse du mot *constitution*. Il n'est pas surprenant qu'on y réprouve la révolution française, & qu'on s'y élève contre un sytême qui place la *chose publique* au-dessus de tout ! Le *livre rouge* de l'angleterre, comme celui de la france, donne la clef de ces énigmes. (1).

Je vais maintenant, pour nous délasser, adresser un mot ou deux à m. burke. Je lui demande pardon de l'avoir négligé si long-temps.

L'amérique, dit-il, dans son discours sur le bill, relatif à la constitution du canada, « ne rêva jamais à une doctrine aussi absurde que celle des » *droits de l'homme.* »

M. burke craint si peu de se compromettre, il entre si peu de jugement dans ses assertions, dans les données dont il s'appuie, qu'il nous épargne le travail d'une réfutation, appuyée sur les principes de la philosophie & de la politique. Bornonsnous aux conséquences naturelles de ses propositions; le ridicule en est frappant. Par exemple : Si, comme il l'assure, les gouvernemens ne sont pas fondés sur les *droits de l'homme*, & que cependant ils soient fondés sur des droits quelconques, il faut, par une conséquence nécessaire, qu'ils soient fondés sur les droits de quelque chose qui n'est pas l'homme. Quel est donc ce quelque chose là ?

Nous ne connoissons sur la terre, que l'homme & la bête; & dans tous les cas où deux choses distinctes se présentent seules, nier l'une c'est affirmer l'autre. Ce qu'il y a de certain, c'est que m. burke, s'élevant contre les *droits de l'homme*, se décide pour la bête, & qu'il prouve que le gou-

---

(1) Ce qu'on appelloit, en france, le livre rouge, n'étoit pas exactement la même chose que le calendrier de la cour en angleterre ; mais il indiquoit assez la manière dont on prodiguoit une grande partie du produit des impôts.

vernement est une bête : le gouvernement lui doit une reconnoissance sans borne pour sa dialectique. Une difficulté applanie en applanit souvent plusieurs autres. On enchasse & nourrit avec soin des bêtes féroces dans les ménageries ; c'est pour montrer, sans doute, l'origine des gouvernemens; elles sont là pour tenir lieu de constitution. Pauvre peuple ! *pauvre bœuf* (1) ! quels honneurs tu as perdu de n'être pas une bête féroce ; d'après le système de m. burke, tu aurois été bien nourri à la ménagerie.

Si mes réponses à m. burke ne sont pas d'un genre très-grave, c'est bien plus sa faute que la mienne. Si j'avois besoin de m'excuser d'avoir défendu à ma manière la cause de la liberté, il me semble que m. burke devroit bien aussi se justifier de l'avoir un peu abandonnée.

Il résulte d'un manque de constitution en angleterre, pour régler l'extension excessive du pouvoir, que plusieurs loix sont tyranniques & déraisonnables, & que l'application en est vague & même éventuelle.

Revenons à notre sujet.

L'attention du gouvernement de l'angleterre, (car j'aime mieux lui donner ce nom, que celui de gouvernement anglais) depuis sa conexion politique avec l'allemagne, paroît avoir été tellement occupé des affaires du dehors, & des moyens de lever des impôts, que son existence semble être bornée à ces importantes considérations. Les affaires intérieures sont négligées, & quant aux loix à peine ose-t-on s'en occuper.

Presque toutes les questions actuelles sont jugées d'après les mêmes événemens, qu'ils soient toujours applicables ou non, qu'ils aient été bien jugés ou non. C'est à quoi l'on ne daigne pas prendre garde,

___

(1) John bull.

& cet usage est si universel qu'on est tenté d'attribuer à ceux qui l'ont établi, une politique plus profonde qu'on ne l'apperçoit au premier coup-d'œil.

Depuis la révolution d'amérique, & plus encore depuis la révolution de france, le gouvernement britannique a constamment prêché cette doctrine moutonnière de ses devanciers, s'appuyant de faits antérieurs aux nouveaux événemens. La plupart de ces autorités ont pour base des principes & des opinions contraires aux principes reconnus; & plus leur époque est reculée, plus nous devons les suspecter. Mais on les étaye d'une vénération superstitieuse pour tout ce qui porte le sceau de l'antiquité, de même que les moines tapissent d'un nom de saint les reliques qu'ils font adorer, la multitude se laisse prendre à ce piège. Les gouvernemens témoignent aujourd'hui leur crainte. Que les hommes réfléchissent : ils les portent, par séduction, à suivre les pas de leurs ancêtres, vers le tombeau de la pensée; ils amortissent leurs facultés intellectuelles, & détournent leurs regards de la scène des révolutions. Ils sentent que le genre humain s'éclaire plus rapidement qu'ils ne le desirent, & cette politique dont ils usent, en propageant la doctrine des autorités, est le baromètre de leurs craintes. Mais ce papisme politique, semblable à l'ancien papisme religieux, a eu son temps, & tend vers sa ruine. Les reliques *déchassées* & les vieilles autorités, les moines & les rois auront bientôt le même sort.

Un gouvernement qui s'appuie du passé, sans égard aux principes qui déterminoient alors, est le système le plus détestable que l'on puisse adopter pour la pratique. Dans beaucoup d'occasions, les exemples antérieurs doivent servir d'avertissement & non pas de modèle, & loin de les imiter, il faudroit prendre leurs conséquences en sens contraire ; mais ce n'est pas la conduite actuelle, on les adopte tels qu'ils sont & on les met en avant pour tenir lieu de constitution & de loi.

Or, cette doctrine est le fruit d'une politique qui tend à contenir les peuples dans un état d'ignorance, ou c'est un aveu manifeste que la sagesse décroît dans les gouvernemens en raison de leur vieillesse, & qu'elle est réduite à s'étayer d'un tel support. Comment les mêmes personnes qui voudroient être crues plus sages que leurs prédécesseurs, montrent-elles en même-temps leur manque de sagesse ? Comme on traite l'antiquité ! tantôt pour faire valoir certaines vues, on la présente comme une période d'ignorance & de ténèbres ; tantôt par d'autres motifs, on l'offre au monde, comme un foyer de lumières.

S'il faut nous conduire d'après ce qu'ont fait nos pères, il est inutile de porter si haut les frais du gouvernement. A quoi bon payer si chèrement des hommes dont les fonctions sont presques nulles ? Si tous les événemens possibles se sont offerts, une législation devient inutile, & le passé, tel qu'un dictionnaire, décidera toutes les questions. Ainsi, ou le gouvernement est parvenu à l'époque de sa caducité & demande à être renouvellé, ou depuis qu'il existe, toutes les occasions qui pourroient exercer sa sagesse, se sont déjà présentées ; & puisque sa marche est faite, il ne doit plus être si dispendieux.

Nous voyons maintenant dans toute l'europe, sur-tout en angleterre, le phénomène d'une nation occupée d'un objet, tandis que son gouvernement a les yeux tournés sur un autre, l'un en avant, l'autre en arrière. Si les gouvernemens prennent le passé pour guide, tandis que les peuples tendent à se perfectionner, ils devront à la fin se séparer, & le mieux qu'ils pouront faire, est de s'en occuper le plus promptement & le plus poliment qu'il sera possible (1).

Après avoir traité des constitutions, comme choses distinctes du gouvernement, examinons les parties qui composent une constitution.

Les avis sont plus partagés sur cet objet que sur l'ensemble. Tout homme qui n'est pas courtisan, conviendra avec nous qu'une nation doit avoir une constitution, qui règle la marche de son gouvernement. C'est une vérité assez simple pour que tous les individus y consentent : ce sont les parties intégrantes de tout ce qui fait naître des opinions multipliées.

Cependant il en est de cette difficulté, comme de toutes les autres. Elle diminuera lorsqu'elle sera bien comprise ; la base essentielle, c'est qu'une nation a le droit de se donner une constitution.

Quelle exerce ce droit actuel d'une manière raisonnable ou non, ce n'est pas ce qui nous concerne. Elle l'exerce d'après ses lumières, & en continuant d'agir, elle fait disparoître toutes les erreurs.

Lorsque ce droit est reconnu dans une nation, on ne peut craindre qu'elle en use d'une manière

―――――――――――――――――――――――――――――

(1) En angleterre, l'agriculture, les arts utiles, les manufactures & le commerce ont été perfectionnés contre l'esprit du gouvernement, qui est de se modeler sur des exemples antérieurs. Leurs progrès sont le fruit de la hardiesse & de l'industrie des individus, ainsi que de leur association, & le gouvernement n'a pris aucune part à leurs efforts. En méditant ou en exécutant des projets favorables à leurs efforts, personne ne songeoit au gouvernement, ni aux partis de la cour & de l'opposition ; & tout ce qu'on pouvoit espérer à l'égard de l'administration, c'etoit de n'avoir rien à démêler avec elle. Trois ou quatre feuilles ministérielles insultent continuellement au progrès de l'industrie nationale, en les attribuant à un ministre. Elles ne mentiroient pas davantage, en attribuant mon ouvrage à un de ces messieurs.

préjudiciable. Une nation ne peut avoir intérêt à se tromper.

Quoique toutes les constitutions de l'amérique portent sur le même principe général, il n'y en a pas deux qui se ressemblent dans leurs élémens & dans la distribution des pouvoirs qu'elles accordent au gouvernement. Les unes sont plus compliquées, les autres le sont moins.

En formant une constitution, il est premièrement nécessaire d'examiner ce qui rend le gouvernement indispensable, & secondement quels sont les moyens les plus efficaces & les moins dispendieux d'accomplir ce but.

Le gouvernement est une association nationale, dont l'objet est le bien de tous, individuellement & collectivement. Tout homme a le desir de se livrer à une occupation de son choix; il veut jouir de son travail, & du produit de la propriété, au moindre prix possible en achetant la sûreté & la paix; ces objets étant remplis, le but des gouvernemens est rempli.

On a coutume de diviser le gouvernement en trois sections générales, & distinctes: le pouvoir législatif, le pouvoir exécutif & le pouvoir judiciaire.

Mais si nous jugeons indépendamment de la magie des mots, nous ne distinguerons que deux sections du pouvoir qui constitue le gouvernement civil: le pouvoir qui fait les loix, & le pouvoir qui les exécute. Ainsi tous les objets qui appartiennent au gouvernement civil, peuvent se classer dans l'une ou dans l'autre de ces divisions.

Quant à l'exécution des loix, le pouvoir nommé judiciaire est dans le sens le plus strict, pouvoir exécutif de chaque contrée, c'est à lui que tous les individus ont droit d'en appeler, c'est lui qui fait exécuter les loix; nous n'avons point de notion plus claire sur leur exécution officielle. En angleterre, comme en france & en amérique, ce pouvoir commence aux magistrats, & suit, en remontant, la hiérarchie du cours de judicature.

Je laisse aux courtisans l'explication du mot, *roi*, *royauté*, *pouvoir exécutif*. Celui qui en est revêtu n'est qu'un simple titulaire au nom duquel se font les actes du gouvernement, tout autre que lui rempliroit aussi bien cet office, & les affaires publiques ne souffriroient pas de sa vacance, les loix n'en reçoivent ni plus ni moins d'autorité. Elles tirent leur force de la justesse de leurs principes, & de l'intérêt que le peuple prend à leur exécution; s'il leur faut d'autres appuis, ils dénotent une imperfection dans le système du gouvernement. Des loix d'une exécution difficile ne peuvent être bonnes.

Quant à l'organisation du pouvoir législatif, on a adopté différens modes en différens pays. Dans l'amérique septentrionale, ce pouvoir est composé de deux chambres. En france il réside dans une seule; mais en france comme en amérique, il est purement représentatif.

Malheureusement la longue tyrannie du pouvoir usurpé a pesé si long-temps sur le genre humain, que les peuples ont eu rarement l'occasion de faire sur les modes & les principes du gouvernement, les épreuves nécessaires pour découvrir quels sont les gouvernemens les moins mauvais. Leur nature est à peine connue, & l'expérience nous manque pour déterminer plusieurs cas particuliers.

On objecte au système de deux chambres : 1o. qu'il y a de l'inconsistance dans une législature, dont la moitié prend une résolution finale sur une matière, tandis que cette même matière, est encore en délibération pour la totalité, & par conséquent susceptible de nouveaux éclaircissemens.

2o. Qu'en recueillant les voix de chaque chambre, comme si elles formoient deux corps séparés ; on s'expose, comme on le voit par l'expérience, à soumettre la majorité au vœu de la minorité, dans plusieurs occasions, d'une manière très-inconséquente.

3°. Qu'il est absurde que deux chambres se contrôlent mutuellement, puisque dans les principes d'une représentation équitable, il est impossible de prouver que l'une ait plus de sagesse que l'autre. Leur action relative, peut s'exercer pour le mal comme pour le bien.

Ainsi, en donnant le pouvoir avec l'incertitude de donner la sagesse, & sans être certain qu'on en usera légitimement on fait des hasards & de la prudence la même chose (1).

_____

(1) A l'égard des deux chambres qui composent le parlement d'angleterre, l'influence qui les domine les fond réellement en une seule, & réduit la législature à n'avoir point de caractère propre. Le ministre, quel qu'il soit, & dans quelque tems que ce soit, a l'air de la toucher avec une baguette soporifique, & sa léthargie répond de son obéissance.

Mais si nous envisageons les deux chambres, du côté de leurs talens respectifs, la différence paroît si grande, qu'elle prouve seule combien il est absurde de placer le pouvoir, où l'on n'est pas sûr de trouver assez de lumière. Quelque mauvaise que soit la représentation, dans la chambre des communes, elle paroît dans un état de vigueur & de maturité, comparée avec ce qu'on appelle la chambre des lords. Cette chambre parasite est même si peu considérée, que le peuple s'occupe rarement de ce qu'elle fait. Elle paroît d'ailleurs plus exposée aux influences dangereuses, & contraires à l'intérêt général de la nation. Lorsqu'on délibéroit sur la question d'une guerre avec la russie ou la porte, cette mesure passa, dans la chambre des pairs, à une majorité de 90 voix, tandis que la majorité ne fut que de 63 voix dans la chambre des communes, où le nombre des votans est presque double.

La discussion sur le bill de m. fox, relatif aux droits des jurés, mérite aussi quelqu'attention. Les individus, nommés pairs, n'étoient point les objets de ce bill. Ils possèdent déjà plus de privilèges, qu'ils n'en accordent à d'autres. Ils forment

On objecte, au système d'une seule chambre, qu'elle est toujours exposée à des erreurs qui naissent de révolutions trop promptes. Mais il faudroit se rappeler, que lorsqu'il existe une constitution qui circonscrit le pouvoir de la législature, & qui fonde les principes dont elle ne doit pas s'écarter, il existe un frein plus efficace, & plus puissant, que tous ceux dont on pourroit s'étayer. Par exemple, si l'on portoit, dans une des législatures d'amérique, un bill semblable à celui que le parlement d'angleterre décréta au commencement du règne de george I, & qui consistoit à prolonger la durée des sessions, le frein seroit dans la constitution. Elle dit aux législatures : *Vous irez jusques-là & pas plus loin.*

Mais pour réfuter l'objection que l'on fait au système d'une seule chambre, fondé sur la concurrence de ses révolutions ; pour écarter en même temps les inconséquences & souvent les absurdités que fait naître le système des deux chambres, on a proposé la méthode suivante, comme une perfection pour tous les deux.

1º. L'on n'auroit qu'une seule représentation.

2º. On diviseroit cette représentation, par le sort, en deux ou trois sections.

3º. Chaque motion seroit d'abord successivement débattue dans chacune des sections, de manière qu'elles puissent connoître leur discussions respectives ; mais sans les mettre aux voix dans aucune. Ensuite les représentans s'assembleroient

---

leur propre joug, & si quelqu'un d'entr'eux étoit poursuivi pour un libelle, on auroit beau le convaincre, il ne seroit pas puni la première fois. Il ne doit exister, dans aucun pays, des loix qui portent une semblable inégalité. *La loi*, dit la constitution française, *doit être la même pour tous, soit qu'elle protège, soit qu'elle punisse ; tous les citoyens sont égaux à ses yeux.*

pour discuter ensemble la question & la mettre aux voix.

A cette proposition fut ajouté un amendement, tendant à conserver la représentation dans un état de renouvellement déterminé ; savoir, qu'un tiers de la représentation de chaque section de l'empire se retire l'année révolue pour être remplacée par de nouvelles élections : un autre tiers remplacé à même époque l'année suivante, & tous les trois ans une nouvelle élection générale (1).

Mais quelle que soit la classification des différentes parties d'une constitution, il est un principe général qui distingue la liberté de l'esclavage, c'est que *tout gouvernement héréditaire est une espèce d'esclavage, tandis qu'un gouvernement représentatif comporte la liberté.*

Considérant le gouvernement, sous le seul point de vue sous lequel on puisse le voir, comme une ASSOCIATION NATIONALE, il peut être organisé de manière qu'il ne puisse être troublé par aucun des accidens qui arriveroient à ses parties, & par conséquent aucun pouvoir étranger capable de produire ce dérangement, ne peut tomber entre les mains d'aucun des individus. La mort, maladie, absence ou défection d'aucun individu de l'administration ne peut y être de plus de conséquence, relativement à la nation, que si un membre de l'assemblée nationale de france ou de la chambre des communes de l'angleterre venoit à mourir.

Aucun être ne peut offrir une plus grande preuve de dégradation qu'une nation qui, oubliant son

---

(1) Quant au mode représentatif de l'angleterre, il est trop absurde pour qu'on s'en occupe. Toutes les portions représentées perdent de leur population, tandis que celle des portions non représentées s'accroît. Une convention nationale est nécessaire pour voir l'état du gouvernement dans son ensemble.

caractère

caractère national, attache son sort à celui d'un individu; & le ridicule de la scène est souvent augmenté par l'insignifiance *héréditaire* de la personne qui occasionne ces embarras. Dans un gouvernement ainsi organisé, un être entièrement inutile, un *dindon* siégeroit dans le conseil; que s'il devenoit malade ou cessoit de vivre, l'embarras seroit aussi grand & aussi bien fondé que si le dindon portoit le nom de roi. Nous rions comme individus de ces embarras *grotesques* sans nous appercevoir que toutes ces farces ridicules sont jouées par les gouvernemens (1).

Toutes les conditions de l'amérique sont établies sur un plan qui exclut les embarras puériles des gouvernemens monarchiques. Le gouvernement ne peut y être suspendu pour aucun événement que ce puisse être; le système représentatif subvient à tout, & c'est le seul que des nations puissent s'approprier en conservant leur caractère. Un pouvoir extraordinaire ne pouvant être dans les mains d'aucun individu, il ne peut être fait aucune application des revenus nationaux, avant que la personne s'en soit rendue digne par ses services. Il est indifférent que l'homme s'appelle président,

(1) On rapporte que, dans le canton de berne, on nourrit un ours de temps immémorial aux frais du trésor. Le peuple naguères s'imaginoit que s'il manquoit d'ours, tout seroit perdu. Il y a quelques années que l'ours fonctionnaire périt subitement, avant d'avoir été remplacé; pendant l'interrègne, le peuple s'apperçut que le bled croissoit, la vigne prospéroit, le soleil & la lune continuoient leur course, & chaque chose arrivoit comme auparavant; alors prenant courage des circonstances, il résolut de ne plus avoir d'ours; car, disoit-il, l'ours est un animal vorace, dispendieux; il peut nuire aux citoyens.

Cette anecdote de l'ours de berne a été rapportée, dans les papiers français, à l'époque de la suite de louis XVI, & l'application étoit facile. On prétend que l'aristocratie de berne en fit une application différente, & c'est alors que les papiers de france furent défendus.

H

roi, empereur, sénateur ou de tel autre nom que l'usage ou la folie peut accorder ou que l'insolence peut effectuer ; & le salaire de cet individu dans son office, qu'il le nomme monarchique, présidentiel, sénatorial, ou d'un autre nom, ne peut excéder dix mille livres sterlings par an. Tous les services importans rendus à la société ont éte rendus par des hommes expensifs, qui ne demandoient rien pour leur salaire, mais le travail routinier d'un office, est tellement nivelé sur la capacité commune ; qu'il n'exige pas un homme d'un grand talent, & par conséquent des récompenses extraordinaires. *Le gouvernement*, dit swift, *est un corps uni qui s'adapte à un grand nombre de têtes.*

Il est inhumain d'oser dire qu'un million sterling, par an, doit être pris sur les taxes publiques, pour l'entretien d'un seul invidu, tandis qu'il est des milliers de citoyens qui y contribuent, que le besoin & la misère retiennent continuellement dans la souffrance. Le contraste des prisons & des palais, de la pauvreté & du luxe ne constituent pas le gouvernement. Il n'est pas institué pour voler au pauvre le peu qu'il a, & pour ajouter à l'indigence du misérable ; mais je traiterai ce point dans la suite, je me borne en ce moment aux réflexions politiques.

Quand, dans un gouvernement, on accorde à quelque individu que ce soit, un pouvoir, ou un salaire extraordinaire, cet individu devient le point central autour duquel s'engendre & s'entretient toute sorte de corruption. Donnez à un homme un million sterling par an ; ajoutez-y le pouvoir de créer, de disposer des places à la charge publique, & la liberté de quelque pays que ce soit sera dès ce moment menacée. Ce qu'on appelle la splendeur du trône, n'est autre chose que la corruption de l'état ; cette splendeur est le résultat du luxe

& de l'indolence d'une foule de parasites qui vivent des revenus publics.

Quand ce système vicieux est établi, il devient le protecteur de tous les abus moins considérables. L'homme qui est intéressé à un bénéfice sur l'état d'un million par an, est le dernier à favoriser l'esprit de réforme, de peur que par la suite il ne vienne à toucher aussi à la source de sa fortune; il est de son intérêt de défendre tous les petits abus, comme autant d'ouvrages extérieurs qui protègent la citadelle; & dans cette espèce de fortification politique, toutes les parties ont une telle dépendance qu'on ne doit jamais espérer de les voir s'attaquer les unes les autres (1).

Certes, la monarchie n'eût pas subsisté aussi long-temps, dans ce monde, si elle n'avoit été soutenue par tous les abus qu'elle protège ; c'est la

―――――――――――――

(1) Parmi les abus nombreux, protégés & engendrés par les gouvernemens, tant anciens que modernes, il n'y en a pas de plus grand que celui de loger & d'entretenir un homme & ses héritiers aux dépens du public.

L'humanité, sans doute, exige qu'on pourvoie au sort du pauvre. Mais de quel droit, moral ou politique, un gouvernement prend-t-il sur lui de dire, qu'un individu, appellé le duc de richemont, sera entretenu par le public. Cependant, si la renommée dit vrai, il n'y a pas un mendiant, dans londres, qui puisse acheter sa part de charbon, sans payer sa part à la liste civile de m. le duc de richemont. Le produit de cet impôt ne fût-il que d'un scheling par an, l'iniquité de principes seroit la même. Mais lorsqu'il monte à vingt mille livres sterlings par an, l'énormité est trop choquante, pour qu'on la supporte. Tel est cependant un des effets de la monarchie & de l'aristocratie, que ses abus se perpétueront, sans que le peuple puisse réclamer. En relevant ce fait, je ne suis conduit par aucun mouvement particulier. Quoi-que je regarde comme une lâcheté pour tout individu, de vivre aux dépens du public, le vice ne peut être imputé qu'au gouvernement; car il est devenu si général que, quoique l'on soit dans le parti du ministère ou dans celui de l'opposition, il n'y a point de différence. On se garantit les uns les autres.

première friponnerie qui couvre toutes les autres. En donnant des parts au gâteau, elle se fait des amis ; si elle cessoit de le partager, elle cesseroit bien vite d'être l'idôle des courtisans.

Comme le principe sur lequel on fonde les constitutions modernes, exclut, absolument, toutes les prétentions héréditaires au gouvernement, il rejette aussi tout catalogue d'usurpation connu sous le nom de *prérogatives*.

S'il étoit quelque gouvernement où des prérogatives pussent être, avec sûreté, confiées à un individu, se seroit sans doute dans le gouvernement fédéral de l'amérique. Le président des états-unis de l'amérique n'est élu que pour quatre ans. Il est non-seulement responsable, dans le sens général de ce mot, mais encore la constitution donne le moyen particulier de le juger. Il ne peut être choisi moins âgé de trente-cinq ans ; & il faut qu'il soit natif du pays.

Quand on compare ces choses, avec le gouvernement de l'angleterre, la différence est si énorme, que celui-ci ne paroît plus qu'une absurdité. En angleterre la personne qui jouit des prérogatives, est souvent un étranger, elle l'est toujours à demi, & toujours mariée à une étrangère. Elle n'est jamais liée au pays par tous les liens naturels & politiques ; elle n'est jamais responsable ; & elle peut prendre les rênes de l'empire à dix-huit ans. Cependant cette même personne peut faire des alliances étrangères, sans la connoissance de la nation & faire la paix ou la guerre sans son consentement. Et ce n'est pas tout, quoique cette personne ne puisse pas disposer du gouvernement, à la manière d'un testateur, elle le fait en grande partie, par les liaisons que les mariages qu'il décide, établissent. Elle ne peut pas directement donner la moitié du gouvernement à la prusse, mais elle peut former un mariage qui s'associe & qui produise en grande partie la même fin. De cette manière, il est très-heureux pour l'angleterre, de ne point tenir au continent : car autrement elle courroit grand risque de tomber comme la hollande, sous la dictature de la prusse ; au moyen d'un mariage, la hollande se trouve aussi bien gouvernée par cette puissance, que si l'ancienne tyrannie de léguer les gouvernemens, en avoit été le moyen.

La présidence, en l'amérique, ou comme on l'appelle quelquefois le pouvoir exécutif, est la seule place de laquelle l'étranger soit exclus : & en angletrere, c'est la seule, au contraire, où il soit admis. Un étranger ne peut être membre du parlement ; mais, il peut être ce qu'on appelle roi. S'il est quelque raison d'exclure les étrangers, ce doit être d'une place où il est plus facile de faire le mal, & dans laquelle, en réunissant tous les motifs d'intérêt & d'attachement, la confiance se trouve plus assurée.

Mais maintenant que les nations prennent le soin de se constituer, elles mettront plus de précision dans l'examen de la nature du département que l'on nommé *exécutif*. Chacun est en état de se rendre raison de ce que sont les pouvoirs législatifs & judiciaires. Mais quant à ce qu'on appelle en europe, *le pouvoir exécutif*, comme distingué des deux autres, c'est, ou une superfluité politique, ou un cahos de choses inconnues.

Tout ce qui est nécessaire, c'est qu'il y ait un département officiel, où aboutissent les nouvelles des diverses parties d'une nation & celles de l'extérieur, pour être présentées à l'assemblée des représentans ; mais il n'y a aucune raison solide, pour donner le nom d'exécutif à ce département ; & on ne peut absolument le considérer que dans un rapport très-subordonné au pouvoir législatif.

L'autorité souveraine, dans tout pays, est de faire les loix & tout le reste ne peut être que département officiel.

Après l'ordre des principes & l'organisation des diverses parties d'une constitution, le point le plus important à déterminer, c'est le salaire des personnes à qui la nation confie l'exercice des pouvoirs constitutionnels.

Une nation n'a aucun droit de se servir gratuitement du temps & des services de personne, dans quelque département qu'elle l'emploie. Et il n'y a pas non plus de raison, pour priver les parties d'un gouvernement, d'un juste salaire, quand on en détermine pour d'autres.

Mais en admettant que l'honneur d'être chargé d'une partie du gouvernement, soit une récompense suffisante, il doit être considéré pour chacun de la même manière. Si les membres de la législature d'un pays sont obligés de faire leur service à leurs dépens, ce qu'on appelle le département exécutif, monarchique ou autre, doit faire son service de la manière. Il est déraisonnable de payer l'un, & d'accepter les services de l'autre gratis.

En amérique on a pourvu décemment au salaire de chaque partie du gouvernement; mais aucune n'est payée avec extravagance. Chaque membre du congrès & des assemblées reçoit un dédommagement proportionné à ses dépenses; tandis qu'en angleterre, on prodigue tout au soutien d'une partie du gouvernement, & l'on ne fait rien pour l'autre; ce qui fait naturellement que l'on donne à l'un les moyens de corrompre, & que l'autre est mise à même d'être corrompue. Un quart & moins de cette dépense, appliquée comme l'amérique, en montre l'exemple, remédieroit, en grande partie, à cette corruption.

Une autre réforme dans les constitutions américaines, c'est d'avoir aboli tous les sermens de fidélité à des individus. Le serment de fidélité en amérique ne se prête qu'à la nation. Rien n'est plus absurde que de mettre un individu à la place où doit être la nation. Le bonheur d'une nation est l'objet supérieur à tout : & c'est pour cela que l'intention d'un serment de fidélité ne doit point être obscurcie en étant figurativement donné à une personne, ou pris en son nom. Le serment appelé en france le serment civique, savoir ; *la nation, la loi & le roi*, n'est point convenable. Si on le supprime entièrement, on ne le prêtera qu'à la nation seulement, comme en amérique. La loi peut être, ou ne pas être bonne. Mais ici on ne peut la considérer que comme utile au bonheur de la nation, & par conséquent elle la renferme. Le reste du serment ne convient point, parce qu'il est évident que tout serment particulier doit être aboli. Ils sont les restes de la tyrannie d'une part, & de l'esclavage de l'autre. Le nom de l'auteur de tout ne doit pas être témoin de la dégradation de son ououvrage : & si ce serment représente toujours figurativement la nation, il est à cette place, redondant, & doit être supprimé.

Quelque raison qu'il puisse y avoir d'admettre les sermens, au commencement d'une constitution, on ne doit point les admettre après. Si un gouvernement a besoin d'être soutenu par le serment, c'est une preuve qu'il mérite peu d'être soutenu, & qu'il ne doit pas l'être. Faites le gouvernement ce qu'il doit être, & il se soutiendra de lui-même. Pour terminer cette partie de mon sujet, une des plus grandes perfections qui aient été ajoutées aux constitutions modernes, pour la sureté perpétuelle, & les progrès de la liberté constitutionnelle, c'est la mesure qu'elles établissent pour les revoir, les altérer & les corriger.

Le principe sur lequel m. burke a établi sa profession de foi en politique, savoir : » *qu'il faut lier à jamais la postérité & abdiquer pour elle jusqu'à la fin des tems tous ses droits* ; » ce principe est maintenant devenu trop détestable, pour être l'objet d'un débat, & c'est pour cela que je les passe sans en faire mention autrement que pour l'exposer.

On commence à connoître la science du gouvernement ; jusques à présent il n'a été que le simple exercice du pouvoir ; celui-ci a soigneusement empêché les recherches vraies & efficaces du droit des gouvernés ; & il n'a fondé lui-même le sien que sur la possession. Tant que la liberté a eu pour juge son ennemi même, les progrès de ses principes ont dû effectivement être bien foibles.

La constitution d'amérique & aussi celle de france ont fixé une époque pour leur révision ou désigné le mode par lequel on pourra les améliorer. Il n'est peut-être pas possible d'établir chaque circonstance, où l'on est forcé de concilier les principes avec les opinions & la pratique, de manière que les progrès des événemens, à travers un long espace de temps, ne les dérange jusqu'à un certain point. Et c'est pour cela, qu'afin de prévenir les inconvéniens qui s'accumulent, jusqu'à ce que leur énormité empêche toute réforme, on provoque les révolutions : il est bien préférable de rétablir d'avance les moyens d'y pourvoir à mesure qu'il en est besoin ; les droits de l'homme sont les droits de toutes les générations & aucun n'en peut faire le monopole. On suit naturellement, pour son mérite, ce qui est digne d'être suivi. C'est sa valeur qui le garantit ; & il n'est pas besoin d'y attacher des conditions qui ne serviroient qu'à surcharger. Quand un homme laisse sa propriété à ses héritiers, il n'y attache pas l'obligation qu'ils devront l'accepter. Pourquoi faisons-nous donc autrement quand il s'agit d'une constitution ?

La

La meilleure constitution qu'on puisse maintenant esquisser, de manière qu'elle s'accorde avec ce que le moment actuel exige, est bien loin de cette perfection qu'elle pourra acquérir en peu d'années. La raison se lève pour l'homme sur les matières de gouvernemens, comme elle n'a point encore fait. La barbarie de nos vieux gouvernemens est prête d'expirer, les rapports moraux entre les nations changeront aussi.

L'homme ne sera plus élevé dans l'idée sauvage que les hommes sont ennemis, parce que le hasard de la naissance a fait naître des individus dans des liens séparés, distingués par des noms différens ; & comme les contestations ont toujours quelque rapport aux circonstances extérieures ou domestiques, il faudroit que tout changement dans ces circonstances, pût amener des modifications dans ces constitutions, & que les moyens de les effectuer en fissent partie.

Déjà nous appercevons un changement dans la disposition des peuples anglais & français l'un à l'égard de l'autre, & ce changement dans l'esprit public est seul une révolution, si nous le comparons avec l'esprit public des années précédentes. Quel homme auroit prévu où auroit osé penser, qu'on porteroit en angleterre *des santés* à une assemblée nationale de france, & qu'une alliance amicale deviendroit le vœu commun de ces deux nations. Il paroît que l'homme, lorsqu'il n'est pas corrompu par le gouvernement, est naturellement ami de l'homme, & que le vice n'est pas inné en lui. L'esprit de jalousie & de férocité, que les gouvernemens de ces deux pays inspiroient, & que leur facilitent l'augmentation des impôts, a maintenant cédé aux principes de la raison, à l'intérêt & à l'humanité. Le trafic des cabinets commence à devenir public, & les mystères & tous les artifices dont on se servoit pour en imposer aux hommes sont sur leur déclin ; *il a été blessé à mort*, & quoiqu'il puisse encore se traîner quelque temps, *il expirera*.

Le gouvernement doit être autant soumis à la censure que les actions des individus, & bien loin de-là, les anciens gouvernemens étoient la propriété exclusivement (1) héréditaire, par la classe la plus ignorante & la plus vicieuse. Est-il besoin d'autres preuves de leur pitoyable administration, que l'excès des dettes & des impôts sous lesquels tous les peuples gémissent, & les dissentions qu'ils ont fait naître dans le monde ?

Nouvellement sortis d'une condition si barbare, il est trop-tôt pour déterminer jusqu'à quel point le gouvernement pourroit être abaissé. Nous pouvons prévoir que l'europe ne tardera pas à former une vaste république, & que tous les hommes seront libres.

CHAPITRE V.

Moyens d'améliorer la condition de l'europe.

En contemplant un sujet qui embrasse dans un grand ensemble toute l'humanité, il est impossible de poursuivre sans être écarté quelquefois par les autres objets. On s'arrête sur tous les caractères & les conditions de l'homme, & l'on confond, l'individu, la nation & l'univers.

Une petite étincelle allumée en amérique, forme une incendie qui s'élève & qui ne pourra plus s'éteindre, semblable à l'*ultima ratio regum*, sans se consumer, s'étend en silence d'une nation, sur une autre nation. L'homme se trouve changé, mais il s'en apperçoit à peine, il apprend la connoissance

---

(1) Monopolized.

de ses droits par une juste attention à ses intérêts, & il découvre enfin, que la force & les pouvoirs du despotisme, consistent seulement dans la terreur qu'il inspire, & que, « *pour être libre, il suffit de le vouloir.* »

Ayant dans toutes les parties précédentes, de cet ouvrage, tâché d'établir un système de principes, comme une base, sur laquelle les gouvernemens devroient être formés, je chercherai, dans ce chapitre, les moyens de les mettre en pratique. Mais pour mettre plus de méthode dans cet article & le rendre plus fort, quelques observations préliminaires déduites des principes, ou qui y sont liées, sont nécessaires.

Quelle que soit la forme ou constitution du gouvernement, son seul but doit être la félicité publique; lorsqu'au lieu de cela, il fait le malheur ou qu'il augmente la misère d'une partie de la société, c'est un faux système, & il est nécessaire de les réformer.

On est accoutumé à distinguer l'état de l'homme en deux classes, en état civilisé & non civilisé. A l'un est attribué le bonheur & l'abondance, à l'autre la fatigue & le besoin. Mais quoique notre imagination soit frappée par la peinture & la comparaison, il est néanmoins vrai, qu'une grande partie du genre humain & de ce qu'on appelle nations civilisées, est dans un état de pauvreté & de misère beaucoup au-dessous de la condition de l'indien. Je ne parle pas d'un seul pays, mais de tous. Il en est de même dans l'angleterre & dans toute l'europe. Cherchons-en la cause. Elle ne provient point des défauts naturels aux principes de la civilisation, mais des obstacles universels à l'exécution de ses principes; & en conséquence un système suivi de guerres & de dépenses, qui ruinent le pays, & s'opposent à la félicité publique, dont les nations policées sont susceptibles.

Tous les gouvérnemens de l'europe (la france maintenant exceptée) ne sont pas formés sur des principes de civilisation ou *fraternité universelle*, mais sur leur ruine. Dans les points éloignés où les gouvernemens ont des rapports les uns avec les autres ; dans les rapports que ces gouvernemens ont les uns avec les autres, ils sont, entr'eux, dans le même état qu'on nous a peint la vie sauvage. Ils se mettent également au-dessus des loix humaines & des loix divines ; & ils sont, par rapport aux principes de leur conduite particulière, comme beaucoup d'individus dans l'état de la nature.

Les habitans de chaque pays sous l'influence de la loi, se civilisent facilement les uns les autres. Mais les gouvernemens étant toujours, entr'eux, dans un état sauvage & presque continuellement en guerre, pervertissent l'abondance que produit la vie civilisée, pour porter bien plus loin tous les maux de la vie sauvage. En gréfant ainsi la barbarie du gouvernement, sur la civilisation intérieure d'un pays, celui-là tire de celle-ci & prend spécialement, sur le pauvre, une grande portee des salaires qui devroient lui donner sa subsistance & l'aisance. Abstraction faite de la morale & de la philosophie, c'est une chose bien affligeante que plus d'un quart des travaux de l'espèce humaine soit annuellement consumé par ce systême barbare.

Ce qui a servi à perpétuer le mal, c'est l'avantage pécuniaire que tous les gouvernemens de l'europe ont trouvé, à faire durer cet état de barbarie. Il leur fournit les prétextes de maintenir leur autorité & de lever les mêmes revenus, ce dont on n'auroit plus besoin, & ce qu'on ne pourroit plus justifier, si l'on complettoit le cercle de la civilisation. Le gouvernement civil seul, vu le gouvernement qui est fondé sur la loi, ne fournit pas de prétexte à beaucoup de contributions. Il exclut la possibilité d'en beaucoup imposer; il agit sous la surveillance de tout le pays; & il est à l'abri de toute influence intérieure.

Mais quand il s'agit des luttes insociales des gouvernemens, la carrière des prétextes s'aggrandit, & la nation, perdant les moyens de juger, est exposée à tous les artifices, qu'il plaît au gouvernement d'employer.

La trentième, que dis-je! tout au plus la quarantième partie des taxes perçues en angleterre, est occasionnée par les besoins du gouvernement civil, ou consacrée à cet usage. Il est aisé de voir que la seule affaire de l'administration est de faire des loix, & que le peuple se charge de tenir la main à leur exécution, à ses propres dépens, au moyen des magistrats, des jurés, des sections & des assises, en sus des contributions qu'il paie.

Sous ce point de vue, nous avons deux espèces de gouvernement, le gouvernement civil, ou le gouvernement des loix qui opère au dedans; & le gouvernement de la cour ou du cabinet, qui opère au dehors, à la manière des hordes de sauvages; le premier sujét à peu de frais, l'autre accompagné d'une extravagance sans bornes. Et ils sont tellement distingués l'un de l'autre, que si, par une supposition quelconque, le dernier venoit à disparoître tout-à-coup, sans laisser de traces, le premier n'éprouveroit pas le moindre dérangement. Il continueroit ses opérations, attendu que la nation entière y seroit intéressée, & qu'elle en fait mouvoir tous les ressorts.

L'objet des révolutions est donc un changement dans l'état moral du gouvernement, changement d'où résulte la diminution des impôts, & qui permet aux hommes civilisés de jouir de cette abondance, dont ils étoient privés auparavant.

En considérant ce sujet dans toute son étendue, je porte mes regards sur le commerce. Toutes les fois que l'occasion s'en est présentée dans mes ouvrages, j'ai plaidé en faveur du commerce, parce que j'ai chéri ses effets. C'est un système pacifique, dont les opérations tendent à *fraterniser* le genre humain, en faisant que les nations, aussi bien que les individus, se servent réciproquement. Je n'ai jamais prêché de réforme purement spéculative. La mesure la plus efficace, est de perfectionner l'état de l'homme au moyen de son intérêt, & c'est sur ce fondement que je m'appuie.

Si l'on permettoit au commerce d'agir avec toute l'extension dont il est capable, il banniroit absolument le système de la guerre, & produiroit une révolution dans l'état, encore sauvage, des gouvernemens. La science commerciale est postérieure à ces gouvernemens, & c'est le pas le plus considérable qu'aient fait les hommes vers la civilisation universelle, en se réservant des moyens qui ne découloient pas immédiatement des principes moraux.

Tout ce qui tend à procurer une correspondance mutuelle entre les nations, par un échange de bienfaits, est aussi digne de l'attention de la philosophie que de celle de la politique. Le commerce n'est autre chose que le trafic de deux individus, multiplié sur l'échelle d'un grand nombre d'individus; & la nature a suivi la même règle tant pour faire correspondre tous les hommes, que pour en mettre deux à portée de trafiquer ensemble. Dans cette vue, elle a distribué les matériaux des manufactures & du commerce, dans les diverses parties de chaque région du monde; & la guerre ne pouvoit les procurer aussi commodément & pour un aussi bon marché que le commerce, elle a fait de celui-ci le moyen d'extirper l'autre.

Comme ce sont deux choses directement opposées, le défaut de civilisation des gouvernemens européens est préjudiciable au commerce. Tout embarras, toute destruction contribue à diminuer la quantité des matières négociables, & peu importe dans quelle partie du monde cette réduction commence. Pareilles au sens, elles ne sauroient être retranchées d'une partie quelconque, sans l'être en même temps de la masse qui est en circulation, & toutes les autres se ressentent de cette perte. Lorsqu'une nation ne peut plus acheter, la nation qui lui vend se trouveroit enveloppée dans son infortune. Si le gouvernement d'angleterre venoit à bout de détruire le commerce de toutes les nations, il ruineroit effectivement le sien propre.

Il peut se faire qu'une nation fasse chez elle la commission de toutes les autres; mais elle ne peut pas les remplacer quant au trafic. Elle ne sauroit vendre & acheter sa propre marchandise. La faculté d'acheter doit être placée hors d'elle-même; ainsi la prospérité d'une nation commerçante a pour règle la prospérité de toutes les autres. Sont-elles pauvres, elle ne peut être riche, & sa position, quelle qu'elle soit, indique l'état du commerce chez les autres peuples.

Il faudroit avoir perdu la raison pour nier que l'on puisse entendre les principes du commerce & concevoir son action universelle, sans connoître le détail de ses opérations : voilà ce qui m'autorise à discuter ce sujet. Le livre du monde s'exprime autrement que les registres d'une maison de commerce. L'action du commerce doit nécessairement être envisagée comme étant réciproque. Une moitié seulement de ses moyens réside dans la nation qui le fait; & la destruction de l'autre moitié qui se trouve hors d'elle, entraîne aussi efficacement la destruction du tout, que si l'on eût détruit la moitié qu'elle a en sa possession ; car l'une ne sauroit agir sans l'autre.

Lorsque, dans la guerre dernière, aussi bien que dans les precédentes, l'angleterre vit baisser son commerce, ce fut parce que la quantité des objets de trafic avoit diminué quelque part; il prend aujourd'hui de l'accroissement, parce qu'il en prend chez toutes les nations. Si les importations & les exportations de l'angleterre sont maintenant plus considérables que jamais, il est d'une nécessité indispensable que la même chose ait lieu chez les peuples avec qui elle trafique. Ses importations sont leurs exportations, & *vice versa*.

Il est impossible qu'une nation fleurisse seule par le commerce; elle ne peut que participer à ses avantages, & sa destruction dans un lieu est nécessairement préjudiciable à tous les autres pays. Il suit delà, que quand les gouvernemens sont en guerre, l'attaque porte sur la masse générale du commerce, & le résultat est le même que si chacun eût attaqué le sien propre.

N'attribuons ni au ministre, ni au manège de la politique, l'extension actuelle du commerce; la gloire en appartient sans reserve à son action naturelle, & à la paix qui l'a favorisé. Les marchés réguliers avoient été détruits; on avoit rompu les communications; le grand chemin des mers étoit infesté de corsaires de tout pays, l'attention générale étoit fixée sur d'autres objets. Ces causes d'interruptions ne subsistent plus, & la paix a rétabli les choses dans l'ordre qui leur convient. (1)

---

(1) Dans l'amérique septentrionale, l'accroissement du commerce, proportion gardée, est plus considérable qu'en angleterre. Il s'élève à plus du double de ce que l'on a jamais vu, dans les temps qui ont précédé la révolution. Avant la guerre, l'année où il étoit sorti le plus de vaisseaux du port de philadelphie, leur nombre avoit été de huit à neuf cents. En 1788,
Un

Une observation qui ne doit pas nous échapper, c'est que toutes les nations font pancher en leur faveur la balance du commerce ; par conséquent les idées que l'on se forme généralement à cet égard, ne sont pas tout-à-fait exactes.

Mais le fait n'exsite pas moins, & si le commerce se soutient dans tout l'univers, il n'en faut remercier que cette prévention. Chaque nation est frappée de l'avantage qu'elle y trouve, autrement elle y renonceroit. Mais l'erreur gît dans la manière de faire les comptes, & dans l'habitude où l'on est d'attribuer les bénéfices à une cause qui n'est pas la véritable.

M. pitt s'est quelquefois amusé à déduire des registres des douanes, ce qu'il appelloit la balance du commerce, non-seulement ce genre de calcul ne donne point de règles justes, mais elle en suggère une fausse.

En premier lieu, tout ballot qui sort de la douane, a l'air d'une exportation sur les registres, & suivant la balance de la douane les envois qui périssent en mer, ou qui rendent nuls des faillites étrangères, sont tous portés à l'article des profits, attendu qu'ils appartiennent à celui des exportations.

Secondement, les imputations effectuées par la contrebande ne paroissent point sur les registres de la douane, pour balancer les exportations.

Il s'ensuit donc que ces documens ne peuvent offrir aucune balance, à l'égard des avantages généraux, & il suffit d'examiner l'opération naturelle du commerce, pour se convaincre que l'idée d'une telle balance est fallacieuse, & que si elle avoit quelque réalité, la chose ne tarderoit pas à être

---

il s'éleva à plus de douze cents. Comme l'état de pensylvanie forme un huitième des états-unis, à raison de la population, il s'ensuit que le nombre des bâtimens sortis de leurs ports, dans le courant de la même année, fut à peu près de 10,000.

K

dommageable ; la base principale sur laquelle repose le commerce, est l'équilibre des profits entre toutes les nations.

Que deux marchands de différens pays commercent ensemble ; ils s'enrichiront en peu de temps, & chacun d'eux se persuade que la balance est en sa faveur. Par conséquent ils ne s'enrichissent point au détriment l'un de l'autre ; or, il en est de même des nations au milieu desquelles ils habitent. Le fait est que chaque nation doit s'enrichir par ses propres ressources, & qu'elle augmente ses richesses au moyen de ses échanges avec d'autres nations.

Si un négociant anglais envoie chez l'étranger un article de nos manufactures, qui lui coûte un schelling sur les lieux, & qu'il importe en retour un article qui se vend deux schellings, il en conclut que la balance est d'un schelling en sa faveur ; mais il ne gagne pas ce schelling sur l'étranger, l'étranger gagne tout comme lui sur l'article qu'il reçoit, sans bénéficier davantage sur lui. Originairement les deux articles ne valoient que deux schellings dans le pays de leur fabrication ; mais en se déplaçant, ils acquiérent une valeur idéale, double de leur valeur primitive, & ce surcroît de valeur se partage également.

Il n'y a pas plus de balance sur le commerce étranger, que sur le commerce intérieur. Les négocians de londres & de new-castle trafiquent ensemble selon les mêmes principes, que s'ils étoient de nations différentes. Cependant londres ne s'enrichit pas aux dépens de new-castle, non plus que new-castle aux dépens de londres ; mais les charbons de terre, la principale exportation de new-castle, ont dans la capitale une valeur additionnelle, & les marchandises de londres en ont une pareille à new-castle.

Quoique tous les genres de commerce portent sur le même principe, le commerce intérieur, considéré sous un point de vue national, est le plus avantageux, parce que la totalité des gains respectifs demeure dans le pays, tandis que dans le commerce du dehors, la nation n'y entre que pour une moitié.

Le commerce le plus désavantageux est celui qui se trouve associé avec une domination lointaine. Il peut être lucratif pour quelques individus, seulement à raison de ses propriétés intrinsèques ; mais il est ruineux pour l'état. Ce qu'il en coûte pour se maintenir dans ces possessions, absorbe, & au-delà, les profits du commerce, quelqu'entendu qu'il puisse être. Loin d'augmenter la masse générale des objets d'échange, la souveraineté qu'on y exerce ne sert qu'à la diminuer, & comme leur abandon mettroit dans la circulation une plus grande quantité d'objets d'échange, il vaudroit mieux participer à leur trafic sans avoir de dépenses à faire, que de l'accaparer en demeurant chargé de frais énormes.

Mais on a beau faire ; il est impossible d'accaparer le commerce à l'aide de la domination, & c'est ce qui la rend encore plus illusoire : le commerce ne veut point de gêne ; il s'échappe nécessairement des canaux où on prétend le resserrer, & les moyens qu'il employe, réguliers ou non, font échouer la tentative ; au surplus, le succès seroit encore pire. La france, depuis la révolution, s'est montrée plus qu'indifférente aux possessions éloignées ; & les autres peuples seront de même lorsqu'ils en auront approfondi l'utilité par rapport au commerce.

Qu'on ajoute les frais d'une marine à ceux de souveraineté, & qu'on retranche les uns & les autres des profits du commerce, on verra que la balance dont nous parlions tout à l'heure, supposé qu'elle existe, ne tourne pas à l'avantage de la nation, mais que son bénéfice est absorbé par le gouvernement.

L'idée d'avoir une marine pour protéger le commerce induit ses partisans en erreur. C'est mettre les moyens de destruction à la place des moyens de protection. Le commerce est suffisamment protégé par l'intérêt mutuel que les peuples ont à le soutenir. C'est la richesse de tous; il existe par un équilibre d'avantages communs à tous, & la seule interruption qu'il éprouve, vient du défaut de civilisation des gouvernemens, qu'il importe à tous de réformer. (1)

Mais il est temps de quitter ce sujet & de passer à d'autres matières. Comme il est nécessaire de comprendre l'angleterre dans la perspective d'une réforme générale, il convient de rechercher les défauts de son gouvernement; il faut que tous les peuples réforment le leur, pour que le système du gouvernement soit porté à sa perfection dans toutes ses branches, & pour que l'on jouisse pleinement des avantages de la réforme. Des réformes partielles ne peuvent produire que des avantages partiels.

La france & l'angleterre sont les seuls pays de l'europe, où l'on peut entreprendre, avec succès, une réforme dans le gouvernement, l'un garanti par l'océan, l'autre par l'immensité de sa force intérieure, défieroient au besoin la malveillance

_____

(1) Lorsque j'ai entendu m. pitt évaluer, la balance du commerce, dans un de ses discours au parlement, je me suis apperçu qu'il n'entendoit rien à la nature & aux intérêts du commerce; aussi personne ne l'a plus follement tourmenté que lui. Pendant un intervalle de paix, il a été en proie aux calamités de la guerre. Trois fois, en moins de quatre ans de paix, il a été plongé dans l'inertie; & l'on a renouvellé, jusqu'à trois fois, l'usage inhumain de la *presse*.

des despotes étrangers. Mais il en est des révolutions comme du commerce ; les avantages augmentent à mesure qu'ils se généralisent & doublent pour tous, ce qui, à l'égard de chacun, n'équivaudroit qu'à l'unité.

Comme un nouvel ordre de choses se découvre aux yeux des peuples, les cours de l'europe forment des complots pour l'empêcher. On propose des alliances contraires à tous les anciens systêmes politiques, & l'intérêt commun des souverains les réunit contre l'intérêt commun des hommes. Cette coalition s'étend d'un bout à l'autre de l'europe, & présente une cause tellement neuve qu'elle interdit tout calcul tiré de l'histoire. Tant que les despotes ont fait la guerre à d'autres despotes, l'homme n'étoit pas intéressé dans la querelle ; mais dans une cause dont l'objet unit les soldats aux citoyens, & les nations aux nations, le despotisme des cours voit le danger qui le menace ; il médite une vengeance terrible, cependant il n'ose frapper.

On ne voit pas dans les annales du monde, qu'il se soit jamais élevé de question d'une telle importance. Il ne s'agit pas de savoir si la chambre haute ou la chambre basse, si les wigs ou les torys auront le dessus ; mais de décider si l'homme héritera enfin de ses droits, & si la terre pourra s'applaudir d'une civilisation universelle ; si les peuples jouiront des fruits de leurs travaux, ou si des gouvernemens sans pudeur les dévoreront à leur gré ; si le brigandage sera banni des cours, & la misère des campagnes.

Lorsqu'on voit dans des pays que l'on dit être civilisés, les vieillards réduits à aller dans la maison de travail, & les jeunes gens conduits au gibet, il faut qu'il y ait un vice dans le systême du gouvernement. En apparence, le bonheur règne dans ces contrées ; il existe, hors de la portée de l'obsevateur superficiel, une masse d'infortune qui n'a guères d'autre terme qu'une mort accompagnée de l'indigence ou de l'ignominie. Tout y présage le sort qui attend le pauvre, dès son entrée dans la vie; & jusqu'à ce qu'on ait remédié à l'horrible concours de circonstances qui le poussent au crime, c'est en vain qu'on multiplie les châtimens.

Le gouvernement civil ne consiste pas dans les exécutions. Il consiste à pourvoir à l'instruction du jeune âge & aux besoins de la vieillesse, de manière à préserver, autant qu'il est possible, la première de la débauche & la seconde du désespoir. Au lieu de cela, les ressources d'un pays sont prodigués à des rois, à des cours, à des mercenaires, à des imposteurs, & à des prostituées; & les pauvres, eux-mêmes, chargés de tout le poids de leur misère, sont forcés d'entretenir le brigandage qui les opprime.

D'où vient que la justice ne sévit guères que contre les pauvres. Ce fait prouve entre autres chose, la misère de leur condition. Elevés sans qu'on leur fasse connoître les principes de la morale, jettés dans le monde sans perspective de fortune, ils sont les jouets du vice & les victimes nécessaires d'une barbarie légale. Les millions, inutilement prodigués aux gouvernemens suffiroient & au-delà pour remédier à ces maux, & pour bonifier la situation de tous les membres d'un état, qui ne sont pas compris dans l'enceinte des cours. C'est ce que j'espère démontrer dans la suite de cet ouvrage.

Il est dans la nature des ames compatissantes de faire cause commune avec les infortunés. En traitant ce sujet, je ne prétends à aucune récompense; je ne crains rien de ce qui peut m'en arriver. Fort de cet orgueil que la probité donne &

qui dédaigne également de triompher & de céder, je continuerai d'écrire en faveur des *droits de l'homme.*

C'est un bien pour moi d'avoir fait un dur aprentissage de la vie. Je connois le prix de l'instruction morale, & j'ai vu le danger du contraire.

A peine âgé de seize ans, n'ayant point reçu d'éducation, avide de périls & d'aventures, la tête échauffée par le faux héroïsme d'un maître (1) qui avoit servi un vaisseau de guerre, j'entrepris de travailler à ma fortune, & m'engageai à bord du vaisseau *le terrible,* capitaine death. Cette démarche n'eût point de suite, grâce aux représentations sages & affectueuses d'un père qui, d'après ses habitudes, (il étoit quaker) devoit me regarder comme un enfant perdu. Mais quelque touché que je fusse alors de ses remontrances, leur impression s'affoiblit bientôt, & je m'embarquai *sur le roi de prusse*, capitaine mendez. Cependant, après un semblable début, & malgré tous les inconvéniens dont j'eus à souffrir dans ma jeunesse, je suis fier de pouvoir dire qu'au moyen d'une persévérance que les difficultés n'ont pas même ébranlée, d'un désintéressement qui forçoit le respect, non-seulement j'ai contribué à l'établissement d'un nouvel empire, fondé sur un nouveau système de gouvernement, mais encore je suis parvenu dans la littérature politique, le genre de tous où il est le plus difficile de réussir & d'exceller à me faire une réputation, que le parti aristocratique, aidé de tous ses soutiens, ne peut ni atteindre ni rivaliser.

Connoissant mon propre cœur & me sentant, comme je suis, supérieur aux attaques des partis, & au ressentiment invétéré d'une foule d'adversai-

---

(1) M. will-knowles, maître d'école à shetford, comté de de norfolk.

res, qui se trompent ou qui sont intéressés à se tromper, je ne réponds ni aux mensonges ni aux outrages, & je poursuis l'examen des défauts du gouvernement anglais (1).

Je commence par les priviléges & les corporations.

C'est abuser des mots que de dire qu'une chartre donne des priviléges. Elle a un effet tout

---

(1) Il s'est formé, de tout temps, une alliance si ridicule entre la politique & l'intérêt personnel, que le monde, tant de fois trompé, a droit de se défier des hommes publics. Quant à moi, je suis fort tranquille sur ce point. Lorsqu'il y a environ dix-sept ans, je commençai ma carrière politique, ce ne fut point par des motifs d'intérêt que je me mis à réfléchir sur les matières du gouvernement ; & ce fait a pour preuve la conduite que j'ai tenue depuis ce moment. Je trouvai l'occasion de faire quelque bien, & je ne consultai point de livres ; je ne m'attachai point à étudier les opinions d'autrui ; je pensai d'après moi-même : voici l'histoire :

Durant la suspension de l'ancien gouvernement d'amérique, avant les hostilités, & lorsqu'elles furent commencées, frappé de l'ordre & de la décence qui régnoient dans toutes les opérations, il me vint dans l'esprit que tout ce qui étoit nécessaire en fait de gouvernement, se réduisoit à peu de chose, au-delà de ce que l'état de société faisoit de lui-même, & que les formes monarchiques & aristocratiques étoient des tromperies faites au genre humain : ce fut dans ces principes que je publiai le *sens commun*. Le succès de ce pamphlet n'a point eu d'exemple depuis l'invention de l'imprimerie. Je fis présent du manuscrit à chacun des états-unis, & les demandes s'élèverent à cent mille exemplaires. Je continuai de traiter le sujet de la même manière, sous le titre de *crise*, jusqu'à l'entier établissement de la révolution.

Après que les états-unis se furent déclarés indépendans, le congrès, d'une voix unanime, & sans que j'en eusse connoissance, me nomma secrétaire du département des affaires étrangères. Cette place me fut agréable, en ce qu'elle me donnoit la facilité d'observer les moyens des cours étrangères, & leur méthode de traiter. Mais une mésintelligence s'étant élevée entre le congrès & moi, au sujet de m. silas deane, alors chargé par lui d'une commission en europe, je donnai ma dé-

opposé

opposé, celui d'ôter les droits qu'on auroit sans elle.

mission, & refusai même toutes les offres pécuniaires qui m'étoient faites par les ambassadeurs de france & d'espagne, m. gerard & dom juan mirallès.

J'avois alors si complétement gagné l'attention & la confiance des américains, j'avois si bien manifesté l'indépendance de mes opinions, que je jouissois, dans la littérature politique, d'une considération à laquelle jamais peut-être auteur n'étoit parvenu dans aucun pays; & ce qu'il y a de plus extraordinaire, je la conservai sans diminution jusqu'à la fin de la guerre. Je n'en ai encore rien perdu. Comme je n'étois pas l'objet de mes travaux, je les avois entrepris avec la résolution qu'heureusement j'étois disposé à tenir d'être insensible à l'éloge, à la censure, à l'amitié & à la calomnie, & de ne me point laisser détourner de mon but par des altercations personnelles. L'homme qui ne peut se conduire ainsi, n'est pas propre à soutenir un caractère public.

La guerre finie, je quittai philadelphie pour me rendre à borden-town, ville située sur la rive orientale de la delaware, où j'ai une petite propriété. Le congrès siégoit alors à princetown, à quinze milles du lieu où j'étois, & le général washington s'étoit campé à rocky-hill, dans le voisinage du congrès, en vue de donner sa démission d'une place, dont l'objet se trouvoit rempli, & de rentrer dans l'obscurité de la vie privée. Tandis qu'il suivoit cette affaire, il m'écrivit ce qu'on va lire.

Rocky-hill, 10 sept. 1783.

J'ai su, depuis mon arrivée ici, que vous étiez à borden-town. J'ignore si c'est par amour de la liberté ou par des raisons d'économie. Que l'un ou l'autre, de ce motifs ait contribué à vous inspirer ce dessein, ou tous les deux ensemble, ou tel autre que je ne puis deviner, si vous voulez venir où je suis, & partager avec moi, je m'en applaudirai infiniment.

Votre présence rappelera au congrès les services que vous avez rendu à ce pays, & s'il est dans mon pouvoir de les relever à ses yeux, disposez de moi sans réserve, & comptez sur l'empressement & le zèle d'un homme qui sent vivement l'importance de vos ouvrages, & qui se dit, avec beaucoup de plaisir,

Votre sincère ami,
WASHINGTON.

L

Tous les habitans d'un pays ont les mêmes droits ; mais les chartres, en annullant des droits à l'égard

Tandis que la guerre duroit encore, sur la fin de l'année 1780, j'avois formé le projet d'aller en angleterre. J'en fis part au général greene, qui étoit alors à philadelphie, d'où il continuoit sa marche vers le sud, le général washington étant trop éloigné pour qu'il me fût possible de communiquer directement avec lui. J'étois fortement prévenu de l'idée, que si je pouvois aller en angleterre, sans être connu, & y demeurer en sûreté, jusqu'à ce que j'eusse fait paroître un ouvrage de ma composition, je dessillerois les yeux de la nation sur la démence & la stupidité de son gouvernement. Je croyois que les attaques mutuelles des partis qui divisoient le parlement, avoient été aussi loin qu'elle pouvoient aller, & qu'ils n'avoient plus rien de nouveau à se dire. Le général greene entra parfaitement dans mes vues ; mais l'affaire d'arnold & d'andré étant survenue peu-après, il changea d'avis, & craignant beaucoup pour ma sûreté, il m'écrivit d'une manière fort pressante, d'anapolis dans le maryland, d'abandonner ce projet ; & je suivis ce conseil, non sans quelque répugnance. Peu de temps après, j'accompagnai, avec une mission du congrès, le colonel lawrens, fils de m. laurens, qui étoit alors prisonnier dans la tour de londres. Nous débarquâmes à lorient ; le colonel prit les devans ; je restai dans cette ville, & pendant que j'y étois, il survint un événement qui réveilla mon ancien projet. On amena à lorient un paquebot anglais, qui alloit de falmouth à new-yorck, ayant à bord des dépêches du gouvernement. Ce n'est pas une chose extraordinaire que la prise du paquebot ; mais on aura peine à croire qu'on se soit en même-tems emparé des dépêches, puisqu'elles sont toujours attachées, hors des croisées de la cabine, dans un sac rempli de boulets, & prêt à être jeté dans la mer. Le fait est néanmoins tel que je le raconte, car les dépêches me tombèrent entre les mains, & j'en pris lecture. On me dit que le stratagême, que je vais rapporter, avoit fait réussir la prise. Le capitaine du corsaire la *madame*, parloit anglais. Ayant rencontré le paquebot, il fit route avec lui, se donnant pour le capitaine d'une fregate anglaise, & il invita celui du paquebot à monter sur son bord. Celui-ci s'étant rendu à son invitation, il n'eut que la peine d'envoyer quelques-uns de ses gens qui s'assurèrent de la malle. Mais de quelque manière que la chose se soit passée, je parle avec certitude de ce qui regarde les dépêches du gouvernement. Elles furent endu plus grand nombre, les attribuent exclusivement au plus petit. Si les chartres étoient conçues de manière à exprimer sans détour, que *tout habitant qui n'est pas membre d'une corporation, n'aura pas le droit de voter pour les élections*, on y verroit au premier coup-d'œil, des chartres non de droits, mais d'exclusion. Leur effet est le même dans la forme qu'elles ont aujourd'hui; & les seules personnes sur qui elles influent, sont celles à qui elles donnent l'exclusion. Ceux dont elles garantissent les droits, en ne les leur retirant pas, ne les exercent que comme membres d'une communauté, aux avantages de laquelle ils avoient droit de participer sans qu'il fût besoin de chartres; ainsi toutes les chartres n'opèrent que d'une façon négative & indirecte. Elles ne donnent point de droits à A., mais elles établissent une différence en sa faveur, parce qu'elles privent B de ses droits; ce sont par conséquent des actes injustes.

Mais les privilèges & les corporations ont un effet plus étendu & plus funeste, que ce qui a simplement trait aux élections. Ils causent des disputes sans fin dans les villes où ils existent, & attaquent les droits communs à tous les individus qui forment la nation; avec de pareils établissemens, un homme né en angleterre, ne sauroit être appelé anglais

---

voyées à paris au comte de vergennes, & lorsque le colonel lawrens & moi retournâmes en amérique, nous emportâmes les originaux au congrès.

Par ces dépêches, j'en appris plus à l'égard de la stupidité du gouvernement britannique, que je n'aurois pu faire sans cela, & je songeai de nouveau à l'exécution de mon projet. Mais le colonel lawrens étoit si peu disposé à retourner seul en amérique, (d'autant moins que nous avions, entr'autres objets dont nous étions responsables, une somme d'environ 20,000 l. sterl.) que je me rendis à ses désirs, & finis par abandonner mon dessein. Mais à présent, je suis certain que si j'avois pu l'exécuter, il n'auroit pas été absolument infructueux.

dans l'entière acception de ce mot. Il n'est pas citoyen anglais, comme on est citoyen français, ou citoyen des états-unis.

Ses droits sont restreints à la ville, & en de certains cas, à la paroisse où il a reçu le jour; &, quoique dans son pays natal, il est comme étranger par-tout ailleurs. Il faut pour qu'il y acquière le privilège de domicilié, qu'il s'y fasse naturaliser, à prix d'argent, sans quoi on lui défend d'y résider, ou il en est chassé. On maintient cette espèce de féodalité pour agrandir les corporations aux dépens des villes, & chacun peut se convaincre de l'effet de cette mesure.

En général les villes à corporations sont dans un état de délabrement & de solitude, & si quelque chose suspend leur ruine entière, c'est uniquement quelque avantage attaché à leur situation, tel qu'une rivière navigable ou des environs fertiles. La population étant une des principales sources de la richesse (car sans population la terre même n'a point de valeur), tout ce qui contribue à l'empêcher, doit faire baisser la valeur des propriétés; & comme non-seulement les corporations tendent à ce but, mais qu'elles produisent directement cet effet, elles ne sont pas nécessairement dangereuses. S'il étoit question d'employer une mesure autre que celle d'accorder à chacun la liberté de s'établir où il veut, comme en france ou en amérique, il seroit plus conséquent d'encourager les nouveaux venus, que d'empêcher leur admission en la mettant à prix. (1)

___

(1) Il est difficile d'assigner l'origine des villes à privilèges & à corporations, à moins de supposer qu'elles ont dû leur naissance à quelque service de garnison, ou du moins qu'elles y ont eu rapport. Les époques où elles ont commencé à exister, justifient cette conjecture. La plûpart d'entr'elles ont été des villes de garnison; & dans l'absence des garnisons militaires,

Les gens qui ont plus d'intérêt à voir les corporations abolies, sont les habitants des villes où elles existent. L'exemple de manchester, de birmingham, de sheffield prouve par la raison, des contrastes, le tort que ces institutions gothiques font à la prospérité & au commerce. On peut citer un petit nombre de villes, telles que londres, dont les avantages naturels & commerciaux dûs à sa tituation sur la tamise, sont capables de balancer les inconvéniens politiques des corporations ; mais partout ailleurs, pour ainsi dire, le mal est trop visible pour qu'on puisse le nier, ou le révoquer en doute.

La baisse des propriétés qui a lieu dans les villes à corporation, n'affecte pas aussi directement la totalité de la nation, que les habitans de ces villes, mais elle participe à ses conséquences, la diminution de valeur des propriétés retranchée sur la masse du commerce national. Chacun achète en proportion de ses moyens, & comme tous les individus d'une nation communiquent les uns avec les autres, tout ce qui fait tort à quelques-uns d'entr'eux, doit nécessairement influer sur le reste. Comme une des chambres du parlement d'angleterre, est en grande partie le résultat d'élections faites par les corporations, & qu'il n'est pas dans la nature qu'une source bourbeuse produise un cou-

---

les corporations étoient chargées de la garde des despotes. L'usage où elles étoient d'admettre ou d'exclure les étrangers, usage d'où est venu celui de donner, de vendre & d'acheter le droit de bourgeoisie, tient plus de la nature des autorités de garnison, que de celle du gouvernement civil. Les soldats jouissent des privilèges de toutes les corporations d'un bout à l'autre du royaume, par le même motif qui, dans les villes de garnison, les fait jouir des privilèges de bourgeois, double prerogative réservée pour eux-seuls. Ils peuvent, avec la permission de leurs officiers, exercer telle profession qu'il leur plait, dans toutes les villes à corporations.

rant limpide, les vices de cette chambre ne sont qu'une continuation des vices de son origine. Un homme d'honneur & qui a de bons principes politiques, ne peut se prêter aux bassesses & aux ruses deshonnêtes qui l'emportent dans ces élections. Pour y réussir, il faut-être dépourvu des qualités qui doivent distinguer un législateur équitable, & lorsqu'on a fait son apprentisage de corruption par la manière dont on entre au parlement, il n'y a pas lieu d'espérer que le représentant vaille mieux que le représer .

M. burke en parlant de la représentation anglaise, jette le gant avec autant de hardiesse qu'aucun chevalier du vieux tems. » On a trouvé, dit-il, » que tous les avantages d'une représentation po-» pulaire se rencontroient dans notre mode de » représentation. Je défie, continue-t-il, les en-» nemis de notre constitution de prouver le con-» traire ». Cette déclaration est très-extraordinaire de la part d'un homme, qui un an ou deux exceptés, a toujours été en opposition avec les mesures parlementaires dans le cours de sa vie politique ; & lorsqu'on le rapproche de lui même, on est obligé de croire, ou qu'il trahit son jugement en qualité de membre des communes, ou qu'il s'est élevé en qualité d'écrivain contre sa propre opinion.

Mais ce n'est pas seulement la représentation qui est vicieuse ; en conséquence, je passe à l'aristocratie.

Ce qu'on nomme la chambre des pairs, repose sur une base très-analogue à ce que la loi proscrit dans d'autres circonstances. C'est une agrégation d'individus que rassemble un intérêt commun. Il est impossible d'expliquer d'une manière satisfaisante pourquoi une chambre législative doit être entièrement composée d'hommes, qui n'ont d'autre occupation que de donner des propriétés à bail, plutôt que de fermiers, que de brasseurs, de boulangers, ou de toute autre classe d'hommes.

M. burke appelle cette chambre la garantie la plus sûre & la colonne de la richesse territoriale. Examinons cette idée.

Quelle garantie exige la richesse territoriale, de préférence à toute autre branche de la richesse nationale ? Ou de quel droit réclameroit-elle une représentation distincte & séparée du reste de la nation. Le seul usage qu'on puisse faire de ce droit, usage qu'elle en a toujours fait, est de s'affranchir des taxes & d'en rejeter le fardeau sur les articles de consommation qui l'affectent le moins.

L'histoire des taxes de l'angleterre prouve évidemment que tel a été le résultat de cette institution, résultat infaillible de tout gouvernement, formé d'après des combinaisons partielles.

Les taxes ont eu beau s'accroître & se multiplier sur tous les articles de consommation à la portée du peuple, la contribution foncière qui frappe plus directement cette prétendue *colonne* a baissé loin d'augmenter. En 1788, la contribution foncière s'élevoit à 1,950,000 l., c'est-à-dire, à un million de moins qu'elle ne produisoit il y a environ cent ans (1), quoique les baux aient doublé dans beaucoup d'endroits depuis cette époque.

Avant l'accession des hanovriens, les taxes étoient à-peu-près également partagées entre les fonds de terre & les articles de consommation ; les terres mêmes supportoient la plus forte contribution. Mais depuis cette époque on a chargé les consommations d'un surcroît d'environ 13 millions de liv.

---

(1) Voyez *l'Histoire des revenus publics*, par sir John sinclair. La contribution foncière rapportoit, en 1646, 2,473,499.

sterlings de taxes annuelles. Qu'en est-il résulté ? Le nombre des pauvres est devenu plus considérable, leur misère s'est accrue ; & la taxe des pauvres a pris un accroissement proportionné. Celle-ci même ne pèse pas sur l'aristocratie comme sur le reste de la communauté. L'habitation des grands, soit à la ville, soit à la campagne, n'est point mêlée avec les asyles du pauvre. Ils vivent loin de l'indigence, & par conséquent à l'abri de l'impôt destiné à son soulagement. C'est dans les villes à manufactures, dans les villages peuplés de cultivateurs, que cette imposition se fait le plus sentir ; dans plusieurs, vous voyez une classe d'indigens en soutenir une autre.

La plupart des taxes les plus accablantes & les plus productives, sont combinées de manière à ne pas attendre cette colonne qui n'est là que pour se garantir elle-même. La taxe sur la bierre, destinée à la vente publique, ne porte point sur les grands qui brassent leur bierre sans rien payer. Elle tombe uniquement sur ceux qui, n'ayant pas les moyens ou le talent de brasser, sont obligés d'acheter la bierre par petites quantités. Mais quelle idée le genre humain prendra-t-il de notre justice en fait d'impôts, lorsqu'il apprendra que cette taxe seule, dont un concours de circonstances favorables affranchit nos aristocrates, égale presque le produit de la contribution foncière, puisqu'en 1788 elle a rapporté 1,666,152 livres sterlings, & qu'elle le rapporte encore aujourd'hui. Ajoutez qu'en y joignant les taxes sur l'orge & sur le houblon elle rapporte beaucoup davantage. Qu'un seul article d'une consommation aussi partielle, d'une consommation à peu près restreinte à la classe laborieuse, supporte une taxe équivalente à celle que produit tout le revenu territorial d'une nation,

c'est

c'est peut-être un fait qui n'a point d'exemple dans l'histoire des finances.

Voilà un des effets résultans d'une chambre législative, formée d'après une combinaison d'intérêts communs à ceux qui la composent; car ils ont beau être d'un parti différent, & divisés de principes politiques, ils se réunissent toujours en ce point ; qu'une agrégation quelconque travaille à augmenter le prix d'une marchandise, ou le taux des salaires, ou qu'elle cherche à rejetter le fardeau des taxes sur une autre classe de la société, le principe & l'effet sont les mêmes, & si l'une de ces tentatives est illégale, il seroit difficile de prouver que l'autre doive être soufferte.

Il est inutile d'objecter que les taxes sont originairement proposées dans la chambre des communes; puisque l'autre chambre a toujours son *veto*, elle peut toujours se défendre. Et il seroit ridicule de supposer que la chambre des communes lui présentât des bils de cette nature, à moins d'être assurée d'avance de son assentiment. D'ailleurs elle s'est procurée tant d'influence par le trafic des élections, les parens des nobles & leurs amis sont en si grand nombre dans l'un & l'autre parti de la chambre des communes, qu'elle a, outre son *veto* absolu dans son enceinte, la prépondérance dans la chambre basse, toutes les fois qu'il s'agit de l'intérêt commun de ses membres.

Il n'est pas aisé de découvrir ce qu'on entend par la classe des propriétaires, si cette expression ne signifie pas une ligue aristocratique de possesseurs de terres qui opposent leur intérêt pécuniaire à celui des fermiers & à toutes les branches du commerce & de l'industrie ; sous tout autre point de vue, c'est la seule classe qui n'a pas besoin d'une protection particulière. Elle jouit de celle du monde entier. Tout individu, dans quelque rang qu'il soit placé,

M

s'intéresse aux productions de la terre. Hommes, femmes, enfans de tout âge & de tout sexe, quitteront leurs affaires pour secourir le cultivateur & empêcher qu'on ne dérobe la moisson, & ils n'agiront pas de même à l'égard de toute autre propriété. C'est la seule pour laquelle le genre humain adresse des prières à l'être suprême, & la seule que le défaut de moyens ne puisse jamais paralyser. Elle intéresse non la politique, mais l'existence de l'homme; & lorsqu'elle s'épuise, il faut que l'homme cesse d'exister.

Il n'y a point, dans une nation, de source de richesses que tout s'accorde à protéger autant que celle-là. Le commerce, les manufactures, les arts & les sciences, comparés avec elle, ne sont protégés qu'en partie. Leur décadence ou leur prospérité n'a pas une influence aussi générale, lorsque tout promet une récolte abondante : toute la création partage la joie du fermier. Ce genre de prospérité exclut l'envie, & c'est la seule dont on puisse faire cet éloge.

Pourquoi donc M. burke parle-t-il de la chambre des pairs, comme de l'appui de la classe des propriétaires. Cette colonne auroit beau se briser, la propriété territoriale n'en subsisteroit pas moins, & l'on continueroit de labourer, de semer & de moissonner tout comme auparavant. Les grands ne sont pas les fermiers qui cultivent la terre & la rendent productive ; ils ne font que consommer ses produits, & mis en parallèle avec les classes laborieuses, ils ressemblent aux bourdons, qui ne s'occupent ni de recueillir le miel, ni de construire la ruche; mais qui formant un serrail de mâles, n'existent que pour de molles jouissances.

M. burke, toujours emphatique & burlesque, appeloit l'aristocratie dans son premier essai; *le chapiteau corinthien de la société policée* ; pour compléter cette métaphore, il ajoute aujourd'hui la colonne ; mais il manque encore la base ; & toutes les fois qu'une nation, qui ne sera point aveugle comme samson, prendra la peine d'agir avec le courage de cet israélite, le temple de dagon, les lords, & les philistins seront détruits.

S'il faut qu'une chambre législative soit composée d'hommes d'une seule classe, afin de protéger un intérêt particulier, toutes les autres classes doivent jouir du même privilège. L'inégalité aussi bien que le fardeau des taxes, vient de ce qu'elles souffrent ces exceptions. S'il y avoit eu une chambre de fermiers, il n'y auroit point eu de code de classes; s'il y avoit eu une chambre de marchands & de fabricans, les taxes auroient été plus également réparties, & plus modérées. Elles n'ont passé toutes les bornes sans éprouver d'obstacles, que parce que le droit de les imposer s'est trouvé dans les mains de ceux qui peuvent se soustraire en partie aux dépenses de leurs concitoyens.

Les propriétaires de biens fonds peu considérables, perdent plus à la mauvaise politique qui rejette les taxes sur les objets de consommation, qu'ils ne gagnent à celle qui en affranchit les propriétés territoriales. Voici pourquoi :

1º. Ils consomment davantage de denrées sujettes aux taxes, à raison de leur propriété, que les riches propriétaires.

2. Ils demeurent principalement dans les villes, & leurs propriétés consistent en maisons. Ainsi l'accroissement de la taxe des pauvres, occasionné par les impôts sur les consommations, s'élève beaucoup plus haut que la contribution foncière n'a baissé. A birmingham, la taxe des pauvres monte à sept shelings par livre sterling, & comme nous l'avons déjà observé, la classe aristocratique est à-peu-près exempte de cette taxe.

Ce n'est là qu'une partie des maux qui résultent du pitoyable système où l'on admet une chambre haute.

En tant que combinaison favorable à des intérêts particuliers, elle peut toujours s'affranchir d'une portion considérable des taxes ; & comme chambre héréditaire qui ne doit de comptes à personne, elle ressemble à un bourg abandonné à la corruption dont il faut briguer le suffrage en flattant sa cupidité. Parmi ses membres il n'y en a qu'un petit nombre qui ne soit pas, de manière ou d'autre, appelé au partage ou à la disposition des revenus publics. L'un prend une charge de porte-flambeau, ou de lord d'antichambre ; un autre, de lord de la chambre à coucher, de valet de la garde-robe ; ou tel autre emploi insignifiant, qui donne un titre, & auquel sont attachés des appointemens à la charge du trésor public. Au moyen de ces voies détournées, on se soustrait à l'apparence de la corruption ; mais elles n'en sont pas moins une dégradation formelle de la dignité de notre espèce, & par-tout où l'on peut s'avilir à ce point, il ne sauroit y avoir de véritable honneur.

Il faut ajouter à cette liste de membres gangrenés, la foule des cliens, celle des branches cadettes & des parens éloignés, dont ils sont tenus de faire la fortune aux dépens de l'état. En un un mot, s'il falloit calculer ce qu'une aristocratie coûte à la nation qui la tolère dans son sein, on trouvera, à peu de chose près, une somme équivalente au sacrifice qu'elle fait pour le soulagement des pauvres. Le duc de richemont (& cet exemple n'est pas unique) touche à lui seul ce qui feroit subsister deux mille pauvres ou vieillards. Ne soyons donc plus étonnés que dans un pareil système de gouvernement, les impôts se soient élevés à une somme aussi effrayante.

Là, mettant ces vérités dans tout leur jour, je parle sans déguisement & sans intérêt. Mon langage n'est point dicté par la passion, mais par l'humanité. Non-seulement j'ai rejetté des offres brillantes parce qu'elles me paroissoient insidieuses, mais je me suis dérobé à des récompenses que je pouvois accepter avec honneur ; ainsi l'on ne doit pas s'étonner que la bassesse & l'imposture me soulèvent le cœur. Mon bonheur est attaché à l'indépendance; & sans acception de places ni de personnes, je vois les choses telles qu'elles sont. Le monde est ma patrie ; ma religion consiste à faire le bien.

M. burke, en parlant du droit aristocratique des primogénitures, dit que « la loi qui l'a consacré
» est la sauve-garde permanente de la transmission
» des propriétés territoriales. Cette loi, continué-
» t-il , & j'en bénis le ciel , par sa tendance incon-
» testable, promet de se soutenir d'une manière
» imposante. »

M. burke est le maître de donner à cette loi tel nom qu'il lui plaira ; l'humanité, la réflexion impartiale ne la dénonceront pas moins comme l'ouvrage de l'injustice & de la stupidité. Si nos yeux n'étoient pas accoutumés à son exécution journalière, & qu'on nous en parlât comme d'une loi de quelque pays éloigné, nous penserions que les législateurs de ce pays ne seroient pas encore arrivés à l'état de civilisation.

Mais je ne crois point *qu'elle se soutienne d'une manière imposante.* Sur cet article, mon avis est entièrement opposé à celui de m. burke, elle est attentatoire à la dignité de l'homme : c'est, pour ainsi dire, un brigandage exercé sur la propriété des familles. Qu'elle en impose, si l'on veut, à de serviles tenanciers, elle ne donnera jamais la mesure de notre caractère national, & encore moins du caractère universel de l'espèce humaine. Quant à moi, mes parens n'ont pas été à même de me donner un scheling, au-delà de ce qu'ils avoient dépensé pour mon éducation, & cette première & unique dépense, fut prise sur leurs besoins. Cependant je joue dans le monde un personnage plus important, comme on s'exprime dans le monde, que pas un de ceux qui figurent dans le catalogue aristocratique de m. burke.

J'ai indiqué une partie des reproches qu'on peut faire aux deux chambres du parlement britannique. Je vais maintenant m'occuper du pouvoir désigné sous le nom de roi, & je serai fort bref sur ce sujet.

Le titre de roi, signifie une place à laquelle est attaché un revenu annuel d'un million sterling. *Toutes ses fonctions se bornent à recevoir cet argent.* Peu importe qu'il soit raisonnable ou stupide, sage ou insensé, anglais ou étranger. Chaque ministre agit d'après l'idée que m. burke a dans l'esprit, lorsqu'il compose ses ouvrages; il est persuadé que le peuple a besoin d'être trompé, d'être maintenu dans une ignorance superstitieuse par un épouvantail quelconque, & ce qu'on appelle la dignité royale atteint ce but; ainsi elle répond à l'attente qu'on s'en est formée, on n'en sauroit dire autant de deux autres pouvoirs.

En tout pays néanmoins cette dignité court un grand risque, non pas à raison des accidens qui peuvent frapper l'individu, mais à raison des probabilités qui peuvent se réaliser à tout moment, une nation peut cesser d'être aveugle ou stupide.

On a pris anciennement l'habitude de qualifier le roi de pouvoir exécutif, & l'on persiste dans cette habitude, quoiqu'elle ne soit plus motivée.

Ce nom lui venoit de ce qu'il avoit coutume de siéger en qualité de juge, & de présider à l'exécution des loix. Les tribunaux faisoient alor partie de la cour. Par conséquent le pouvoir que l'on nomme aujourd'hui exécutif est celui qu'on appelloit alors judiciaire. Il suit delà que l'une ou l'autre de ces dénominations est un pléonasme, & que l'on peut se passer de tribunaux ou de rois. Lorque nous parlons du roi, ce mot ne présente point d'idée. Il ne signifie ni un juge, ni un général. En outre, ce n'est pas lui qui gouverne, ce sont les loix ; on conserve les noms anciens pour donner un air d'importance à des formes sans réalité ; & le seul effet qu'ils produisent, c'est l'augmentation des impôts.

Avant de passer aux moyens de diriger les gouvernemens vers la félicité générale de l'espèce humaine, plus qu'on n'a fait jusqu'ici, il ne sera pas hors de propos de jetter les yeux sur la progression des taxes en angleterre.

On est généralement persuadé que les taxes une fois établies ne sont jamais supprimées. Cela peut être vrai, pour ces derniers temps, mais il n'en a pas toujours été ainsi. Il faut donc croire, ou que nos ancêtres surveilloient le gouvernement de plus près que nous, ou que le gouvernement se conduisoit avec moins d'extravagance.

Sept cents ans se sont écoulés depuis l'invasion des normands, & de l'établissement de ce qu'on appelle la couronne. Divisons ce période par siècles, & voyons ce qu'on percevoit de taxes annuelles dans chacun d'eux.

Somme annuelle des taxes imposées par guillaume le conquérant, à commencer en l'année 1066 . . . . 400,000 l. sterl.

Somme annuelle des taxes, cent ans après la conquête, (1166) 200,000

Somme annuelle des taxes, deux cens ans après la conquête, (1266) 150,000

Somme annuelle des taxes, trois cens ans après la conquête, (1366) 130,000

Somme annuelle des taxes, quatre cens ans après la conquête, (1466) 100,000

Ces résultats & les suivans sont tirés de l'histoire des revenus publics, par sir john sinclair. Ils montrent que pendant quatre cens ans, les taxes continuèrent de décroître, & qu'à l'expiration de ce terme, elles étoient réduites des trois quarts, c'est-à-dire, de quatre cens mille livres sterlings à cent mille; la tradition & l'histoire ont donné aux anglais d'aujourd'hui une idée de la bravoure de leurs ancêtres; mais quelques vertus ou quelques vices qui aient été leurs partages, à coup sûr ils n'étoient pas gens à s'en laisser imposer; & s'ils ne tenoient pas le gouvernement en respect, quant au principe, ils savoient, en matière d'impôts, mettre un frein à ses entreprises. Il ne leur fut pas donné de secouer le joug de l'usurpation monarchique; mais ils la restreignirent à une économie de subsides dignes d'un gouvernement républicain.

Achevons le tableau des trois siècles qui nous restent:

Somme des taxes annuelles, cinq cens ans après la conquête, (1566) . . . . 500,000 l. sterl

Somme des taxes annuelles, six cens ans après la conquête, (1666) 1,800,000

Somme des taxes annuelles, à l'époque où nous sommes, (1791) 17,090,000

La différence des quatre premiers siècles aux trois derniers est si surprenante, qu'elle autorise à penser que le caractère national des anglais a changé
dans

dans l'intervalle. Il auroit été impossible de contraindre, à main armée, les anglais de l'ancien tems à payer la somme exorbitante que payent ceux d'aujourd'hui ; & lorsqu'on réfléchit que la solde de l'armée, celle de la marine, & les appointemens de toutes les personnes chargées de la perception, n'ont pas varié depuis cent ans, époque où les taxes ne s'élevoient pas à la dixième partie de leur produit actuel, on ne peut s'empêcher de mettre cet énorme accroissement, sur le compte de l'extravagance, de la corruption & de l'intrigue. (1)

——————————

(1) Plusieurs papiers-nouvelles vendus à la liste civile ont fait mention, en dernier lieu, de watiler. Il n'est pas surprenant que sa mémoire soit outragée par les sycophantes de cour, & par tous ceux qui vivent de la dépouille du peuple ; mais cet homme si mal apprécié servit à réprimer l'injustice & la cupidité des créateurs d'impôts, & la nation fut très-redevable à son courage. Voici son histoire en peu de mots : Du vivant de richard II, on percevoit une capitation d'un schelling par tête, sur tous les individus de la nation, petits ou grands, pauvres ou riches, dès qu'ils avoit passé 15 ans. Si la loi favorisoit quelqu'un, c'étoit plutôt le riche que le pauvre ; car un maître de maison ne pouvoit être imposé à plus de vingt schellings pour lui, sa famille & ses domestiques, quel que fut le nombre des gens qu'il avoit chez lui, tandis que les familles, au-dessous de vingt personnes, étoient imposées par tête. Les capitations avoient toujours été odieuses ; mais celle-ci étant de plus vexatoire & injuste, elle excita, comme cela devoit naturellement arriver, l'horreur universelle des classes moyennes & indigentes. Le particulier, connu sous le nom de wattyler, dont le nom propre étoit wlter, & qui étoit couvreur (en anglais *tyler*) de son métier, demeuroit à deptfort. Le receveur de la capitation étant entré chez lui, demanda la taxe d'une de ses filles ; tyler déclara qu'elle n'avoit pas encore quinze ans. Le receveur voulut s'en assurer par lui-même, & commença un examen indécent à cette vue ; le père, transporté de fureur, le frappa d'un marteau, qui le renversa sur le plancher.

Cette catastrophe fit éclater le mécontentement général. Les habitans du voisinage épousèrent la cause de tyler. En peu de jours, suivant quelques historiens, il fut joint par plus de

La révolution de 1688, & plus encore la maison d'hanovre, ont amené le système destructeur des intrigues du continent, & la rage des guerres étrangères, & de la domination sur des pays lointains ; le mystère impénétrable de ces opérations dispense de rendre compte de l'argent qui semble s'exhaler par cette voie ; une ligne équivaut à des millions. Il est impossible de statuer à quel excès on auroit fait monter les impôts, si la révolution de france n'avoit contribué à faire évanouir ce système & n'eut mis fin aux prétextes. Envisagée ainsi qu'elle mérite de l'être, comme ayant fait diminuer le fardeau des taxes en france & en angleterre, cette révolution est d'une égale importance pour l'une & pour l'autre ; & si la destinée des choses d'ici bas permet qu'on lui fasse produire, en la conduisant à sa per-

---

50,000 hommes qui les choisirent pour leur chef. Il marcha vers londres, à la tête de cette armée pour y demander l'abolition des taxes, & le redressement de quelques autres griefs. La cour se trouvant dans un état d'abandon & sans moyens de résiter, convint d'une conférence avec tyler, & promit de se rendre dans smithfield à la suite du roi ; cette promesse fut accompagnée de belles paroles & de protestations de son desir de remédier aux oppressions de tout genre. Pendant que richard & tyler, l'un & l'autre à cheval, s'entretenoient, walworth, alors maire de londres, & l'une des créatures de la cour, épia un instant favorable & comme un lâche assasin, blessa tyler d'un coup de dague. Aussitôt, deux ou trois de ses camarades se jettèrent sur lui ; & finirent d'immoler cet infortuné.

Tyler paroît avoir été un hommes aussi intrépide que désintéressé. Toutes les propositions qu'il fit à richard avoient un fond d'utilité publique & de justice, qu'on ne remarquoit pas dans les demandes que les barons avoient adressées au roi jean ; & malgré l'adulation des historiens & des hommes tels que m. burke, qui cherchent, en disant du mal de tyler, à couler la bassesse de la cour, sa gloire survivra à leurs mensonges. Si les barons méritèrent le monument qui leur fut érigé dans runymede, tyler en mérite un dans smithfield.

fection, tous les avantanges qu'elle donne lieu d'espérer & qui sont en elle, nous devons la célébrer avec autant d'enthousiasme que les français.

En continuant de traiter ce sujet, je commencerai par la question qui se présente la première, celle de la diminution des taxes. Je hasarderai ensuite par rapport à l'angleterre, à la france & à l'amérique, quelques propositions que paroît justifier l'état présent des affaires. Elles auront pour objet une alliance des trois peuples, dont j'exposerai le but lorsque j'en serai là.

Ce qui est arrivé une fois peut arriver encore : le tableau ci-dessus de la progression des taxes a montré qu'elles sont descendues autrefois au quart de leur ancien taux. Les circonstances actuelles ne permettent pas une aussi forte réduction; mais on peut toujours entreprendre quelque chose, & l'entreprendre de manière à opérer une réduction considérable en moins de temps qu'il n'en fallut à nos pères.

Voici à quoi se montoient les taxes en l'année 1788, finissant à la saint-michel.

Contribution foncière . . . 1,950,000 l. sterl.
Douanes 3,789,274
Droits d'accise (l'orge ancien & nouveau.) 6,751,727
Droits de timbre. 1,278,214
Diverses taxes & accessoires. 1,803,755

Total. . . . . 15,572,970 l. sterl.

Depuis l'année 1788, il a été imposé plus d'un million sterling de nouvelles taxes outre le produit des loteries ; & comme les taxes ont plutôt rapporté depuis cette époque qu'elles ne faisoient auparavant, on peut porter le total en nombre rond à ci. . . . . 17,000,000 l. sterl.

N. B. Les frais de perception & d'escompte qui, les uns dans les autres s'élèvent à environ 2 millions se prennent sur le produit brut, & le total ci-dessus est le produit net qui entre dans l'échiquier.

Cette somme de 17 millions sert à deux emplois différens, à payer l'intérêt de la dette notionale, & aux dépenses courantes de chaque année. A peu près neuf millions sont appliqués au premier article; & le reste, c'est-à-dire, près de huit millions au second. Quant au million que l'on dit être employé à la réduction de la dette, c'est comme si l'on payoit d'une ce qu'on emprunte de l'autre, ainsi cet objet ne mérite pas d'attention.

Il est arrivé heureusement, pour la france, qu'elle possédoit des biens nationaux pour subvenir à l'acquittement de sa dette, & par conséquent être à même de diminuer ses impositions; mais comme l'angleterre n'a pas cet avantage, elle ne peut réduire ses taxes qu'au moyen d'une réduction dans ses dépenses courantes, & je prouverai bientôt qu'elles peuvent subir une diminution de 3 ou 4 millions par an. Cette opération contrebalancera avec usure les frais énormes de la guerre d'amérique, & le remède viendra d'où le mal est venu.

Quant à la dette nationale, quelque lourd que l'intérêt de cette dette puisse sembler à la nation, à raison des taxes qu'il nécessite, comme il sert à maintenir dans la circulation un capital utile au commerce, il balance en grande partie par ses effets ce qu'il a d'accablant; & comme la quantité d'or & d'argent qui existe en angleterre se trouve de manière ou d'autre inférieure à ce qu'elle devroit être; (1) [elle devroit être de 60 millions sterl. & n'est pas de 20.] Outre qu'il y auroit de l'injustice à faire disparoître un capital qui supplée à ce défaut, ce seroit l'ouvrage d'une mauvaise politique,

(1) Les intrigues du cabinet, les guerres étrangères, & les possessions éloignées donnent en grande partie la clef de cette disproportion.

mais pour ce qui regarde les dépenses courantes, tout ce qu'on peut en retrancher est au nombre des bénéfices. Leur excès peut servir à alimenter la corruption, mais il n'a point de réaction sur le crédit & sur le commerce, comme l'intérêt de la dette nationale.

Il est maintenant très-probable que le gouvernement britannique, par lequel je suis bien éloigné d'entendre, la nation anglaise est mal disposée en faveur de la révolution de france. Tout ce qui contribue à dévoiler les intrigues des cours & à diminuer leur influence en diminuant les taxes, sera toujours vu de mauvais œil par ceux qui ont part aux dépouilles des peuples. Tant que les ministres ont pu nous rebattre les oreilles des intrigues du cabinet de versailles, des mots de papisme & de pouvoir arbitraire, il leur étoit facile d'alarmer la nation & de l'engager ainsi à supporter de nouvelles taxes. Ce temps est passé. Il y a lieu d'espérer que la fraude a recueilli sa dernière moisson, & des temps meilleurs sont promis à la france, à l'angleterre, & au monde entier.

Supposons, comme un point accordé, qu'une alliance puisse avoir lieu entre l'angleterre, la france & l'amérique, pour obtenir les résultats dont je parlerai tout-à-l'heure, il s'ensuivra une réduction dans les dépenses nationales de la france & de l'angleterre. L'un & l'autre pourront se dispenser d'avoir un même nombre de vaisseaux & de troupes, & la réduction pourra se faire de chaque côté, homme par homme & vaisseau par vaisseau. Mais pour en venir là, il faut nécessairement établir entre les deux gouvernemens la correspondance & la parité des principes. Jamais il n'existera de confiance mutuelle aussi long-temps que l'un ou l'autre annoncera des dispositions hostiles, ou qu'on verra d'un côté le secret & le mystère, de l'autre la franchise & la publicité.

Ces préliminaires remplis , les dépenses nationales de l'angleterre pourroient être remises sur le pied où elles étoient à une époque quelconque, où elle n'étoit pas ennemie de la france ; (*on voit que je me conforme à la doctrine des autorités.*) Pour fixer cette époque, il faut remonter au temps qui p écéda l'accession de la maison d'hanovre, & par conséquent à la révolution de 1668 (1). Le premier exemple qui s'offre à nous antérieurement à ces dates, est du règne de l'immoral & prodigue charles II. L'angleterre & la france étoient alors alliées. L'extravagance qui n'a rendu ce période que trop fameux, répandra un jour encore plus défavorable sur l'extravagance actuelle, avec d'autant plus de raison que la solde de la marine & de l'armée, & les appointemens de la trésorerie, n'ont pas augmenté depuis cette époque.

La dépense sur le pied de paix étoit fixée ainsi qu'il suit. Voyez l'histoire des revenus publics par sir john sinclair.

Marine	300,000 liv. st.
Armée	212,000
Artillerie.	40,000
Liste civile.	462,115
Total.	1,014,115 liv. st.

(1) Je me suis trouvé en angleterre lorsqu'on célébroit la centenaire de la révolution de 1688. Le caractère de guillaume III & de marie m'a toujours semblé détestable. L'un cherchoit à prendre son oncle & l'autre son père, afin de s'emparer du pouvoir ; cependant comme la nation étoit disposée à réfléchir sur cet événement, je fus fâché d'en voir attribuer tout l'honneur à un homme pour qui ce n'étoit qu'une chance à courir, & qui, outre ce qu'il y gagnoit d'un autre côté, fit payer 600,000 liv. stel. pour les frais de la petite flotte qui l'amena de hollande. Georges I fut aussi avisé que l'avoit été guillaume III ; il acheta le duché de brême avec l'argent de l'angleterre,

(103)

Cependant le parlement fixa cette dépense pour chaque année à 1,200,000 liv. sterling (1). Si nous remontons au règne d'élisabeth, le produit total des taxes, n'étoit alors que d'un demi million; & assurément la nation ne voit rien dans l'histoire de ce règne qui puisse le faire accuser d'avoir manqué de dignité.

Ainsi en rapprochant tous les effets résultant de la révolution française, de l'harmonie prochaine & de l'intérêt mutuel des deux nations, de ce que chez toutes deux on auroit mis fin aux intrigues de cour, enfin de ce qu'elles seroient plus instruites dans la science du gouvernement, la dépense annuelle de l'angleterre pourroit être rétablie sur le pied d'un million & demi sterling, savoir ;

Marine . . . . 500,000 l. st.
Armée 500,000
Frais d'administration . . 500,000
                                    ―――――
Total . . . . . 1,500,000 l. st.

Quelque réduite qu'elle paroisse, cette somme est six fois plus considérable que ce qu'il en coûte aux etats-unis pour les dépenses de leur gouvernement. Cependant, l'administration civile & interne de l'angleterre, (je veux dire celle qui est exercée

―――――――――――――――――――――

250,000 liv. sterl. en sus de la paye qu'il recevoit comme roi, & après l'avoir ainsi acheté aux dépens de la grande-bretagne; pour son profit particulier, il l'ajouta à sont électorat d'hanovre. Dans le fait, toute nation qui ne gouverne pas elle-même équivaut à la mise d'un joueur L'angleterre, depuis la révolution, a été la victime d'un jeu que l'on entretenoit à ses dépens.

(1) Charles II, comme ses devanciers & ses successeurs, trouvant que la guerre étoit la récolte des gouvernemens, en entreprit une contre les hollandais, & les frais que cette mesure entraîna, portèrent la dépense annuelle à 1,800,000 l. sterl; ainsi qu'elle est fixée sous la date 1666 ; mais la dépense sur le pied de paix n'étoit fixée qu'à 1,200,000.

par le moyen de sessions de trimestre, des jurés & des assises, administration qui dans le fait la comporte presque toute, & que la nation gère par elle-même) est moins onéreuse au trésor public que dans les états-unis.

Il est temps que les nations jouissent des privilèges de la raison, & qu'elles ne soient pas gouvernées comme les animaux, pour le plaisir de ceux qui les mènent enchaînés : en lisant l'histoire des lois, on seroit presque tenté de supposer que le gouvernement consiste à chasser la grosse bête, & que chaque nation payoit un million par an à un chasseur privilégié. Soit honte, soit orgueil, l'homme doit rougir d'être dupé à ce point, ce qui arrivera dès que sa dignité lui sera mieux connue. Dans les sujets de cette nature, il passe souvent dans l'esprit une foule d'idées que l'on n'a pas encore l'habitude d'entretenir & de communiquer. Retenu par quelque chose qui prend le masque de la prudence, il agit en hypocrite avec soi-même comme avec les autres. C'est pourtant un spectacle curieux, d'observer avec quelle promptitude cette illusion peut être dissipée, une seule expression hardie proférée avec l'énergie convenable rappellera quelquefois toute une assemblée, aux sentimens qu'elle doit éprouver, & la même influence a lieu pour des nations entières.

A l'égard des emplois dont le gouvernement civil sera composé, peu importe sous quels noms on les désigne. Dans la routine des affaires, qu'un homme ait le titre de président, de roi, d'empereur, de sénateur ou tel autre qu'il plaira de choisir, il est imposible que ses fonctions méritent de la part d'une nation plus de dix mille livres sterling par an ; & comme on ne doit payer personne au de-là de ses services, un homme d'honneur se gardera bien d'accepter plus qu'il ne mérite. On ne
doit

doit toucher au trésor public qu'avec la plus scrupuleuse délicatesse ; il n'est pas seulement grossi du superflu des riches ; mais il l'est encore des gains pénibles de la classe laborieuse & pauvre. Une partie des sommes qui le composent, est exprimée des foibles secours accordés à la misère, pas un mendiant ne se traîne ou n'expire dans les rues, qui n'ait fourni son obole à cette masse.

S'il étoit possible que le congrès américain oubliât ses devoirs & l'intérêt de ses commettans, au point d'offrir un million sterling par an au général washington en sa qualité de président des états-unis, il ne voudroit ni ne pourroit l'accepter, il sait trop bien où gît le véritable bonheur. Il en coûté à l'angleterre à peu près soixant-dix millions sterlings pour substanter une famille importée du continent, très-inférieure en capacité à des milliers de familles nées dans son sein ; & il ne s'est pas écoulé une année où cette famille insatiable n'ait fatigué la nation de quelque demande mercenaire, il n'y pas jusqu'aux mémoires de ses médecins qu'elle ne lui ait envoyés, en la priant d'y faire honneur. Il ne faut pas s'étonner que les prisons régorgent, & que les impôts augmentent ainsi que la taxe des pauvres. Tant qu'on laisse subsister de pareils systèmes de gouvernement, on doit s'attendre à ne voir que ce qu'on a déjà vu ; & que la réforme ait lieu tôt ou tard, c'est de la nation qu'elle doit venir & non pas du gouvernement.

Afin de montrer que 500,000 liv. sterling, sont plus que suffisantes pour subvenir à toutes les dépenses de l'administration en exceptant la marine & l'armée, j'ajoute l'apperçu suivant pour tout autre pays de la même étendue que l'angleterre.

En premier lieu, trois cents représentans convenablement élus, suffisent pour remplir toutes les données de la législation, & ce nombre est préférable à un plus grand. On peut les diviser en deux ou trois chambres, ou comme en france, les réunir en une seule, ou enfin prendre à leur égard tel parti qu'il sera indiqué par la constitution.

La place de représentant de la nation étant toujours regardée dans les pays libres comme la plus honorable de toute, l'indemnité qu'on y attache, est uniquement destinée à couvrir la dépense que son service exige, elle n'a rien de commun avec les émolumens des autres fonctionnaires publics.

Si on alloue 500 liv. sterling par an à chaque député, sauf les déductions résultantes du défaut d'assiduité, l'assemblée représentative, supposé qu'elle siégât toute entière l'espace de six mois, coûteroit tous les ans . . . . . . 75,000 liv. st.

Les places de chaque département ne sauroient excéder, quant au nombre & aux appointemens, les proportions suivantes :

Trois places à 10,000 l. st.	30,000 liv st.
Dix idem. à 5,000 l. st.	50,000
Vingt Id. à 2,000 l. st.	40,000
Quarante Id. à 1,000 l. st.	40,000
Deux cents Id. à 500 l. st.	100,000
Trois cents Id. à 200 l. st.	60,000
Cinq cents Id. à 100 l. st.	50,000
Sept cents Id. à 75 l. st.	52,500
Total	497,500 liv. st.

Si la nation veut, elle peut déduire quatre pour cent de toutes les places & en composer une de vingt mille livres sterling par an.

Tous les percepteurs de l'impôt sont payés sur

l'argent qu'ils reçoivent ; ainsi ils ne sont point compris dans cette évaluation.

Je ne donne point ce tableau comme un détail exact des places ; mais pour montrer le nombre & le taux des salaires qui peuvent être payés avec un demi million sterling ; &, à l'épreuve, on reconnoîtra qu'il est impossible de trouver assez d'occupation pour justifier cette dépense quelque bornée qu'elle paroisse. Veut-on savoir, au surplus, comment s'exécute aujourd'hi le travail des emplois ? Dans plusieurs bureaux, tels que ceux des postes, & quelques-uns de la trésorerie, les chefs ne font autre chose que signer leurs noms trois ou quatre fois par an ; tout le travail est fait par des commis subalternes.

Je pose donc un million & demi sterling, comme devant suffire en temps de paix à toutes les vues honnêtes du gouvernement. Ce qui présente trois cents mille livres sterlings de plus que la somme fixée pour les dépenses de l'administration en tems de paix, sous l'immoral & prodigue Charles II, quoique, comme je l'ai déjà observé, la solde & les appointemens de l'armée, de la marine & des receveurs de l'impôt fussent les mêmes qu'aujourd'hui, & je vois qu'il restera un excédent de plus de six millions retranchés sur les dépenses courantes du moment où nous sommes. Il s'agira de savoir comment on disposera de cet excédent.

Quiconque a observé l'enchevêtrement du commerce & des taxes sentira l'impossibilité de le séparer sur-le-champ.

1°. Parce que le prix des articles actuellement en circulation, est déjà augmenté de l'impôt qu'ils ont acquitté, & que la réduction ne sauroit avoir lieu sur la masse existante.

2°. Parce que, sur tous les articles qui sont imposés en gros comme en baril, par muid, par quintal, ou par tonneau, l'abolition du droit ne peut se subdiviser assez exactement pour soulager le consommateur qui achète par pinte ou par livre. La dernière taxe mise sur la bierre forte & sur l'*ale*, est de trois schellings par baril. Sa suppression ne réduiroit que d'un demi sol (1) le prix de la pinte, & par conséquent, elle ne produiroit pas un soulagement effectif.

Jettons maintenant les yeux sur le petit nombre de taxes qui sont exemptes de cet embarras, & où le soulagement sera direct, évident, & susceptible d'une opération immédiate.

Ainsi, en premier lieu, la taxe des pauvres est une imposition directe, dont chaque domicilié s'apperçoit, en même-temps qu'il sait, à un *farthing* près, la somme qu'elle lui coûte. Le total de ce qu'elle coûte à la nation, n'est pas exactement connu, mais on peut se le procurer. Sir john sinclair, dans son histoire des revenus publics, l'a fixé à 2,100,587 liv. ster. Il s'en emploie une grande partie en procédures, qui tourmente les pauvres, au lieu de les soulager. Mais la dépense est la même pour chaque paroisse, quel qu'en soit le motif.

A birmingham, le produit de la taxe des pauvres est de 14,000 liv. sterling par an. Cette somme paroît considérable; mais elle est modique, comparée à la population de cette ville.

On dit qu'elle a soixante-dix mille habitans & dans la proportion de 70,000 à 14,000, le produit général de la taxe des pauvres, si nous évaluons la population de l'angleterre à sept millions d'hommes, ne seroit que d'un million quatre cents mille liv. sterling. Il est donc très-probable que l'on exagère la population de birmingham. Quatorze mille

---

(1) Farthing.

liv. sterling sont en raison de cinquante mille ames, supposé que la nation paye annuellement deux millions pour la taxe des pauvres.

Quoiqu'il en soit, ce produit n'est autre chose que la conséquence du fardeau excessif des autres taxes : car, au temps où les taxes étoient peu considérables, les pauvres avoient de quoi se soutenir; & il n'y avoit point de taxe des pauvres (1). Dans l'état actuel des choses, un homme qui travaille, & qui est chargé d'une femme ou de deux ou trois enfans, paie entre sept & huit liv. sterling de taxes annuelles. Il ne s'en apperçoit pas, attendu que ces taxes sont indirectes, & il ne voit que la cherté dans les objets de consommation dont elles augmentent pour lui la valeur; mais, comme les taxes lui emportent au moins le quart de ses profits, il est réduit à l'impossibilité de pourvoir aux besoins de sa famille, si lui-même, ou quelqu'un des enfans qu'il fait vivre, est affligé d'une maladie.

Il s'ensuit que, pour opérer un soulagement réel, il faut commencer par abolir tout-à-fait la taxe des pauvres, & y substituer en faveur des indigens, une remise double du produit actuel de cette taxe, c'est-à-dire, quatre millions sterling à prélever sur l'excédent dont j'ai parlé. Au moyen de cette mesure, les pauvres bénéficieroient de deux millions & les domiciliés aussi de deux millions sterling. Cela seul équivaudroit à une réduction de cent vingt millions sterling sur la dette nationale, & par conséquent à tous les frais de la guerre d'amérique.

Il reste à examiner quel sera le mode de distri-

---

(1) La taxe des pauvres fut établie vers le règne de henri VIII, lorsque les autres taxes commencèrent à augmenter, & depuis, elle a toujours augmenté dans la même proportion qu'elles.

bution le plus efficace, relativement à cette remise de 4 millions sterling.

On voit sans peine que la classe des pauvres est généralement composée de familles nombreuses d'enfans & de vieillards qui ne peuvent plus travailler. Si l'on pourvoit aux besoins de ces deux espèces d'individus, le remède embrassera toute l'étendue du mal; ce qu'il n'atteindra pas sera purement éventuel & en grande partie, du ressort des clubs de bienfaisance, (*benefit clubs*) invention peu connue, mais digne d'être rangée parmi les meilleures institutions modernes.

Supposé que l'angleterre contienne sept millions d'habitans, & que la classe des pauvres qui ont besoin de secours, forme le cinquième de ce nombre, elle comprendra seize cents mille individus. Il faut évaluer à cent quarante mille le nombre de vieillards sans ressource qui en font partie, comme je le ferai voir ci-après, en proposant de venir à leur secours par un établissement distinct.

Il restera douze cents soixante mille pauvres, qui, à cinq personnes par ménage, composent deux cents cinquante-deux mille familles, que la dépense des enfans & le fardeau des taxes plongent dans la misère.

Le nombre des enfans au-dessous de quatorze ans, qui existent dans chacune de ces familles, peut être évalué à cinq pour deux familles, les unes en ayant deux, les autres trois; celle-ci un, celle-là quatre, quelques-unes n'en ayant point, & d'autres en ayant cinq. Mais il est rare qu'il y en ait plus de cinq au-dessous de quatorze ans, & passé cet âge, ils sont en état d'aider leurs parens, ou d'aller en apprentissage.

D'après cette évaluation, le nombre des enfans sera de 630,000
Le nombre des parens, s'ils étoient tous vivans, seroit de 504,000

Il est certain que si l'on pourvoit à la subsistance des enfans, les parens se trouveroient soulagés, parce que leur pauvreté naît, en grande partie, de la dépense où les jette l'entretien de leurs enfans.

Après avoir ainsi statué le plus grand nombre d'individus, que l'on puisse supposer avoir besoin de secours à raison du bas âge de la plupart, je vais m'occuper du mode de soulagement ou distribution. Il consiste :

A payer, en remise d'impôt, à chaque pauvre famille, sur l'exédent du produit des taxes, & pour tenir lieu de celle des pauvres, quatre liv. sterling par an, pour chaque enfant au-dessous de quatorze ans. On auroit soin d'enjoindre aux parens de les envoyer à l'école, apprendre à lire, à écrire, & à compter ; les ministres de chaque paroisse, dissidens & autres, seroient tenus de certifier, conjointement à un bureau, créé dans cette vue, que ce devoir seroit rempli.

Le total de cette dépense offrira :

Pour six cents trente mille enfans, à 4 liv. sterling par an chacun, 2,520,000 liv. sterling.

En adoptant cette méthode, non-seulement on soulagera la misère des parens, mais on préservera la génération naissante des inconvéniens de l'ignorance, & le nombre des pauvres diminuera par la suite, parce que l'éducation les rendra propres à plus de choses. Plusieurs jeunes gens, à qui la nature a donné de bonnes dispositions, & à qui l'ont fait faire l'apprentissage d'un métier, tel que celui de charpentier, de ménuisier, de tailleur de pierres, de constructeur de vaisseaux, de serrurier, &c., se trouve arrêté pour le reste de sa vie, faute d'avoir reçu un peu d'éducation, dans son enfance.

Je viens maintenant aux vieillards.

Je partage en deux classes, le dernier période de la vie. 1°. Les approches de la vieillesse que je fais commencer à cinquante ans. 2°. La vieillesse elle-même qui commence à soixante.

A cinquante ans, les facultés intellectuelles de l'homme sont en pleine vigueur; son jugement est plus rassis qu'il n'a encore été; mais les forces corporelles, que nécessite une vie laborieuse, sont sur leur déclin. Il ne peut résister aux mêmes fatigues que dans un âge moins avancé. Il commence à gagner moins; il est moins en état de supporter les changemens de température, & dans un travail sédentaire où il faut de bons yeux, il sent sa vue foiblir par degrés, & s'apperçoit que bientôt elle ne lui sera plus d'aucun secours.

A soixante ans, l'impérieuse nécessité l'oblige de renoncer au travail. Le cœur saigne lorsqu'on voit, dans les pays qui passent pour civilisés, des vieillards hâter la fin de leur existence par un travail forcé, pour gagner leur subsistance journalière.

En vue d'asseoir un jugement sur le nombre des pauvres âgés de plus de cinquante ans, j'ai compté plusieurs fois les personnes de tout âge & de tout sexe que je rencontrais dans les rues de londres, & j'ai toujours trouvé que le taux moyen des vieillards, étoit d'un sur seize ou dix-sept. Si l'on m'objecte que les personnes âgées ne paroissent guères dans les rues, je répond qu'il en est de même des enfans, & qu'une grande partie de ceux qui sont déjà forts, sont dans les écoles, ou dans les atteliers. Ainsi prenant seize pour diviseur, on trouvera qu'en angleterre la totalité des personnes âgées de plus de cinquante ans, riches ou pauvres, est de quatre cens vingt mille.

Celles qui, dans cette multitude, ont besoin que l'on pourvoie à leur subsistance, seront des laboureurs,

reurs, des journaliers de toutes les professions & leurs femmes, des matelots, des soldats réformés, des domestiques des deux sexes, hors d'état de servir, & de pauvres veuves.

Il s'y rencontrera aussi un grand nombre de marchands de la classe mitoyenne, qui, après avoir subsisté décemment pendant la moitié de leur vie, commencent, lorsque la vieillesse approche, à voir décliner leurs affaires, & finissent par se trouver ruinés.

De plus, les révolutions de cette roue qu'il n'est au pouvoir d'aucun homme d'arrêter, ou de diriger, précipiteront sans cesse au niveau de cette classe, une partie de celles qui ont des rapports avec le commerce & les hasards.

Afin de parer à toutes ces chances, & à celles qu'on peut prévoir, j'évalue le nombre des personnes qu'à telle ou telle époque de leur vie, passé l'âge de cinquante ans, dont les moyens seront insuffisans ou nuls, & qui sollicitent des secours, non à titre de faveur, mais comme un droit, à un tiers du nombre des vieillards, c'est-à-dire, cent quarante mille, ainsi que je l'ai fixé plus haut ; me réservant de venir à leur secours par un établissement distinct en leur faveur. S'il y en a davantage, la société, malgré l'ostentation du gouvernement, est en angleterre une chose déplorable.

De ces cent quarante-mille, je suppose que la moitié de soixante-dix mille, sont âgés de cinquante ans & au-dessous de soixante, & l'autre moitié, de soixante & au-delà. — Après avoir ainsi déterminé la proportion probable du nombre de personnes âgées, je passe au moyen de rendre leur condition douce, c'est de payer à chaque personne âgée de cinquante ans & jusqu'à soixante, sur le produit des taxes additionnelles, la somme de six livres sterlings par

P

an, & de dix livres pendant le reste de leur vie à celle de soixante ans, ainsi ;

Soixante - dix mille personnes à
  6 liv. sterl. par an. . . .   420,000
Soixante - dix mille à 10 liv. sterl.
  par an.   700,000
       TOTAL. 1,210,000

Ce secours, comme nous l'avons déjà remarqué, n'est point une charité, mais un droit. Toute personne en angleterre, quelque soit son sexe, paye en impositions deux livres sterlings, huit schellings & six pences par an, depuis le jour de sa naissance, & si l'on y ajoute les frais de collecte, elle paye deux livres sterlings onze schellings & six pences ; conséquemment à cinquante ans accomplis chacun a payé cent vingt-huit livres quinze schellings ; & à soixante ans, cent cinquate-quatre liv., dix schellings. En convertissant cette taxe individuelle en tontine, la somme qu'il recevra après cinquante ans n'est guère plus que l'intérêt légal de celle qu'il a payée ; le surplus est suppléé par la taxe de ceux qui, par leur aisance, n'ont pas besoin d'un pareil secours, & le capital dans les deux cas défraie le gouvernement de cette dépense. C'est sur ce fondement que j'ai porté au tiers le nombre des personnes âgées qui pourront réclamer ce secours. Lequel vaut mieux de rendre la vie douce à cent quarante mille vieillards, ou de donner un million par an à un seul individu, méchant ou sans nul mérite ? Que la raison & la justice, que l'honneur & l'humanité, que l'hypocrisie même & l'adulation, que m. burke, que george, louis, léopold, frédéric, catherine, cornwalis, ou tipoosaïb, répondent à cette question (1).

_____

(1) En calculant les taxes par familles, cinq individus par famille, chaque famille paie d'imposition 12 liv 17 schellings

(115)

La somme ainsi remise aux pauvres sera, pour deux cents cinquante-deux mille pauvres familles, ayant six cents trente mille enfans. . . 2,520,000
pour cent quarante mille personnes âgées. 1,120,000

TOTAL 3,640,000

Des quatres millions il restera donc trois cents soixante mille livres, dont une partie pourra être employée comme il suit.

Après tous les cas auxquels on a pourvu ci-dessus, il y aura encore un certain nombre de familles, qui, quoique n'étant pas proprement dans la classe des pauvres, ne pourront pas néanmoins donner à leurs enfans une éducation, & alors ces enfans ne

---

6 den. par an, à quoi il faut ajouter la taxe des pauvres. Quoique tous payent des taxes dans les articles qu'ils consomment, tous ne payent point la taxe des pauvres. Environ deux millions d'individus en sont exempts, quelques-uns comme pères de famille, d'autres comme n'étant point en état, & enfin les pauvres eux-mêmes qui reçoivent des secours. Ainsi la taxe des pauvres payée par les autres est de quarante schellings pour chaque famille de cinq personnes, ce qui fait un total d'imposition de 14 liv. 17 schellings 6 den.; pour six personnes, 17 liv. 17 schellings pour 7 personnes, 20 l. 16 schellings 6 den.

Le total des taxes en amérique, sous le nouveau systême du gouvernement représentatif, y compris l'intérêt de la dette contractée pendant la guerre, & en prenant la population à quatre millions d'ames, population qui existe actuellement, & qui s'accroît tous les jours, est de cinq schellings par tête, hommes, femmes & enfans, voici donc la différence entre les deux gouvernemens.

	Angleterre.	Amérique.
Pour une famille de cinq personnes....	24 l. 17 ch. 6 d.	1 l. 5 sch.
Pour une famille de six personnes......	17 17	1 10
Pour une famille de sept personnes....	20 16	1 15

passeroient dans une situation pire que si leurs parens étoient réellement pauvres. Une nation sous un gouvernement bien ordonné ne doit pas permettre qu'aucun individu soit privé d'instruction. Il n'y a que les gouvernemens monarchiques & aristocratiques qui fomentent l'ignorance qui leur sert de rempart.

Supposons donc quatre cents mille enfans dans cette situation, nombre sans doute exagéré, après les précautions déja prises, il faudra :

Accorder à chacun de ces enfans dix schellings tous les ans pour les frais d'école, pendant six ans, ce qui leur procurera six mois d'école tous les ans, & une demi-couronne par an pour du papier & des livres élémentaires.

Cet objet fera une dépense annuelle (1) de 25,000 livres;

Il restera encore cent-dix mille livres.

Malgré les grands moyens employés par le gouvernement pour venir au secours des pauvres, il y aura toujours un certain nombre de circonstances moins importantes, qu'il est de la bonne politique aussi bien que de la générosité d'une nation de considérer.

_____

(1) Les écoles publiques ne sont pas en général fort utiles aux pauvres. Elles se trouvent principalement dans les villes à corporation, dont les autres villes & les villages sont exclus, ou s'ils y sont admis, la distance des lieux occasionne une grande perte de temps. L'éducation, pour être utile aux pauvres, doit se donner sur le lieu même, & le meilleur moyen, je crois, d'y parvenir, c'est de mettre les parens en état de payer eux-mêmes la dépense. On trouve toujours dans tous les villages des personnes des deux sexes, sur-tout parmi les gens un peu avancés en âge, capables de remplir une pareille fonction. Vingt enfans à dix schellings chacun, & pendant six mois seulement, seroient comme un petit bénéfice dans les parties écartées de l'angleterre; & il y a souvent de pauvres veuves de curés qui se contenteroient d'un pareil revenu.

Que l'on donne vingt schellings à toute femme qui les demandera immédiatement après la naissance d'un enfant, & il n'y aura que celles qui seront dans le besoin qui réclameront ce secours ; on peut être sûr par-là de soulager grand nombre de familles.

Il naît en angleterre environ deux cens mille enfans par an, & si cinquante mille se trouvent dans le cas supposé, ce sera un objet de 50,000 l.

Que l'on donne aussi vingt schellings à tous les nouveaux mariés qui le demanderont : cela n'excédera point. . . . . 20,000 l.

Deux mille livres seront encore destinées pour les frais de funérailles des ouvriers voyageurs, qui mourroient loin de leurs amis. En soulageant les paroisses de cette charge, les malades étrangers seront bien mieux traités.

Je terminerai cet objet par un plan adapté à l'état d'une capitale, telle que londres.

Il se présente toujours dans une capitale des cas différens de ceux qu'on voit dans les autres lieux, & qui demandent des secours différens ou plutôt additionnels. Par-tout ailleurs, même dans les grandes villes, les hommes se connoissent les uns les autres, & la misère ne parvient jamais à ce point extrême qui a lieu souvent dans une capitale. On n'y voit personne mourant de faim ou de froid, faute de logement. Londres, cependant nous en offre mille exemples.

Beaucoup de jeunes gens viennent à londres pleins d'espérances, mais avec peu d'argent, & à moins qu'ils ne trouvent bientôt de l'emploi ils se trouvent dans la misère. Les enfans même nés à londres sans moyen de subsistance, ce qui arrive souvent, ayant des parens dissolus, sont dans une situation pire encore. Les domestiques qui restent long-temps sans place sont dans la même position. En un mot, il est une infinité de petites circonstances toujours croissantes, inconnues aux gens occupés ou opulens, qui ouvrent la porte à la misère. La faim n'est pas le moindre des besoins, & un jour, quelques heures même, dans cette cruelle situation, suffisent souvent pour terminer une vie pénible.

Ces circonstances, causes générales des filouteries qui conduisent à de plus grands crimes, peuvent être prévenues. Il reste encore vingt mille liv. des quatre millions de taxes additionnelles, qui, jointes à un autre fond ci-après mentionné d'environ vingt mille livres, ne peuvent être mieux employées qu'à cet objet. Le plan que je propose est donc :

Premièrement, de construire deux ou plusieurs bâtimens, ou d'en faire servir d'anciens, capables de contenir au moins six mille personnes, & d'y réunir toutes sortes d'arts & métiers, de manière que tous les individus puissent y trouver du travail.

Secondement, d'y recevoir tous ceux qui viendront, sans s'informer qui ils sont. La seule condition sera que pour tel ouvrage, ou tant d'heures de travail, ils recevront, telle quantité de nourriture saine, & un logement quelconque. Il sera réservé une partie du produit de l'ouvrage que chacun aura fait, pour lui être remis à sa sortie. Chacun pourra rester à ces conditions le temps qu'il voudra, & revenir aussi souvent qu'il voudra.

Si tous ceux qui entreront dans ces ateliers y demeuroient trois mois, on nourriroit par ce moyen vingt-quatre mille individus, quoique le nombre réel, dans tous les tems, ne soit que de six mille. En établissant un pareil asyle, beaucoup de gens, qui se voyent réduits dans un état de misère momentané, trouveroient un moyen de se rétablir, & de pourvoir ensuite par eux-mêmes à leur subsistance.

En supposant que le produit du travail ne paye que la moitié de la dépense, après avoir prélevé la portion réservée pour chacun d'eux, quatre mille livres de plus suffiroient à toutes les dépenses, même pour plus de six mille personnes.

Le fond destiné à cet objet, avec les vingt mille livres restant du premier fond, sera le produit de la taxe sur le charbon de terre, si injustement & si follement appliqué à l'entretien du duc de richmond. Il est horrible qu'un homme, sur-tout au prix où le charbon de terre est maintenant, vive au détriment d'une communauté : un ministère qui permet un tel abus, mérite d'être chassé. Ce fonds est d'environ vingt mille livres sterlings par an.

Je vais conclure ce plan par l'énumération des objets proposés, & je passerai ensuite à d'autres matières. Ces objets sont :

Premièrement, l'abolition de deux millions de la taxe des pauvres.

Secondement, le soulagement de deux cens cinquante-deux mille familles pauvres.

Troisièmement, l'éducation d'un million trente mille enfans.

Quatrièmement, les secours accordés à cent quarante mille personnes âgées.

Cinquièmement, le don de vingt schellings par tête pour cinquante mille enfans nouveaux nés.

Sixièmement, le don de vingt-schellings par couple pour vingt mille mariages.

Septièmement, l'emploi de vingt mille livres pour frais de funérailles des ouvriers voyageurs, qui meurent loin de leurs amis.

Huitièmement, du travail accordé en tous temps à ceux qui se trouvent momentanément dans le besoin à londres & à westminster.

Par l'exécution de ce plan, les loix sur les pauvres, ces instrumens de torture civile, deviendront nulles, & les frais énormes de justice seront évités. Les cœurs ne seront plus déchirés par le spectacle affreux d'enfans couverts de lambeaux & consumés par la faim, & de vieillards implorant leur subsistance. Le pauvre mourant ne sera plus traîné de place en place, pour rendre son dernier soupir, ne sera plus repoussé de paroisse en paroisse. Les veuves auront un réfuge à la mort de leurs maris, & les enfans ne seront plus regardés comme un accroissement de misère de leurs parens. Les retraites des malheureux seront connues, parce qu'elles seront à leur avantage, & le nombre des infractions, suite du malheur & du besoin, sera diminué. Le pauvre, comme le riche, sera intéressé à soutenir le gouvernement, & la cause ainsi que la crainte des émeutes & des séditions, cesseront. O vous, qui êtes dans l'aisance, & qui vivez dans l'abondance & les délices, & qui vous vantez de vos richesses, avez-vous jamais pensé aux maux de vos semblables? Ah! Si vous jettiez sur eux vos regards, vous cesseriez de parler & de sentir pour vous seuls.

Ce plan est facile dans l'exécution. Il n'embarrasse point le commerce par une interruption soudaine dans l'ordre des taxes, mais il procure un grand soulagement lorsqu'on en change l'application; & les sommes nécessaires pour cet objet ne peuvent être tirées des accises, qui sont perçues huit fois l'année dans tous les marchés de l'angleterre.

Passons maintenant à un autre objet.

Prenant les dépenses courantes actuelles à sept millions & demi, qui est le moindre total auxquels elles s'élèvent à présent, il restera, après qu'on aura levé un million & demi pour les dépenses courantes, & quatre millions pour le service ci-dessus mentionné, il restera, dis-je, la somme de deux millions

millions, dont une partie sera employée comme il suit :

Quoique les flottes & les armées, par une alliance avec la france, doivent devenir en grande partie inutiles, cependant ceux qui se sont dévoués à la marine & au militaire, & qui par là ne sont guère propres à embrasser un autre profession, ne doivent pas souffrir des moyens qui en rendent d'autres heureux. C'est une classe d'hommes bien différente de celle des courtisans.

Une partie de l'armée & des forces navales subsistera au moins pendant quelques années ; dans la première partie de ce plan nous avons destiné un million pour leur entretien, qui est presque un demi-million de plus que ne coûtoient en tems de paix les forces de terre & de mer sous le règne prodigue de charles II.

Supposons donc qu'on réforme quinze-mille soldats, & qu'on accorde à chacun trois schellings par semaine pendant toute sa vie, & sans retenue, qui seront payés comme les pensionnaires du collége de chelsea, & libres de retourner à leurs affaires & dans leurs familles ; qu'on ajoute en même temps quinze mille demi-schellings par semaine pour la paye des soldats sur pied ; la dépense annuelle sera : pour la paye de quinze mille soldats réformés,

à trois schellings par semaine . . .	117,000
Paye des soldats sur pied.	19,500
Total	136,500
Supposons que la paye des officiers des corps réformés s'élève au total de la paye des soldats	117,000
Nous aurons	253,500
Et pour prévenir toute erreur de calcul, admettons qu'il soit accordé aux troupes de mer réformées la même somme qu'à celles de terre, ...	253,500
Total	507,000

Q

Chaque année une partie de ce demi-million (j'omets les sept mille livres qui forment une fraction) s'éteindra, ainsi que le total dans un certain nombre d'années, puisque c'est une espèce de pension viagère, excepté la paye des soldats sur pied. On pourra graduellement diminuer les taxes ; par exemple, lorsque trente mille livres seront éteintes, le droit sur les houblons pourra être entièrement supprimé ; & lorsqu'une autre partie sera éteinte, les droits sur les chandelles & sur les savons seront diminués, jusqu'à leur suppression totale.

Il reste maintenant au moins un million & demi des taxes additionnelles.

La taxe sur les maisons & les fenêtres est une de ces taxes directes qui, comme celle des pauvres, n'a rien de commun avec le commerce ; & quand elle sera supprimée, l'effet en sera bientôt senti. Cette taxe pèse sur la classe moyenne du peuple.

Le montant de cette taxe étoit en 1788,
Maisons & fenêtres,

par acte de 1766....	385,459 l.	11 sh.	7 d.
Par acte de 1779..	130,739	14	5 ½
Total.....	516,199	6	0

Si cette taxe étoit supprimée, il resteroit alors environ un million de taxes additionnelles ; & comme il est bon d'avoir toujours un fonds en réserve pour les besoins imprévus, il seroit peut-être à propos de ne pas étendre d'abord la réduction plus loin, & de considérer ce qu'on pourroit faire par d'autres moyens de réforme.

Parmi les taxes les plus à charge, est celle de mutation. Je vais présenter un plan pour l'abolir, & en substituer un autre à sa place qui remplira trois objets en même-temps :

Premièrement, celui de mettre la charge sur ceux qui peuvent le mieux la supporter.

Secondement, de rétablir la justice dans les familles par un partage des biens.

Troisièmement, d'extirper l'influence trop grande des loix inhumaines sur la primogéniture, qui est une des principales sources de corruption dans les élections.

Le montant de la taxe de mutation en 1788, étoit de. . . . . 771,657 liv.

Lorsque les taxes sont proposées, on amuse le peuple par le prétexte plausible de taxer les objets de luxe. Aujourd'hui une chose est nommée objet de luxe, demain c'en est une autre. Cependant le vrai luxe ne consiste pas dans l'objet même, mais dans la manière de se le procurer, qui est toujours hors de la vue.

Je ne sais pas pourquoi une plante ou une herbe des champs seroit un plus grand luxe dans un pays que dans un autre, mais je sais bien qu'une fortune excessive est un luxe par-tout & en tout tems; & comme tel est l'objet propre des taxes, il est donc juste de prendre au mot ces benins faiseurs de taxes, & d'argumenter, d'après le principe qu'ils ont eux-mêmes posé, celui de *taxer le luxe*. Si eux, ou m. burke, leur champion, peuvent me prouver qu'une fortune de vingt, trente & quarante mille livres de revenus par an, n'est pas un luxe, je m'avouerai vaincu.

Par exemple, en admettant qu'une somme annuelle de mille livres, est nécessaire pour l'entretien d'une famille, il s'ensuivra que le second mille est de la nature du luxe, que le troisième mille encore plus, & en augmentant toujours nous arriverons enfin à une somme qui peut être appellée à juste titre un luxe à prohiber. Il seroit impolitique de mettre des bornes aux propriétés acquises par l'industrie, & par conséquent il est juste de placer la prohibition au-delà de l'acquisition à laquelle l'industrie peut parvenir. Mais il doit y avoir une borne à la propriété, ou à l'accumulation des biens, par la voie testamentaire : il est bon qu'il en passe une partie dans toutes les branches d'une famille. Les plus riches ont en tout pays des parens pauvres, qui souvent leur tiennent de très-près.

La table suivante d'une taxe progressive est construite sur les principes ci-desus; & pour être substituée à la taxe de mutation; elle atteindra le point de prohibition par une opération régulière, & par conséquent annullera la loi aristocratique de la primogéniture.

TABLE I.

Taxe sur toutes les fortunes depuis la valeur annuelle de cinquante livres, déduction faite de la taxe sur les terres, & jusques

	s. d.
A 500 liv.,	0 3 par livre.
De 500 à 1000,	0 6 par livre.
Sur le second mille,	0 9 par livre.
Sur le troisième mille,	1 0 par livre.
Sur le quatrième mille,	1 6 par livre.
Sur le cinquième mille,	2 0 par livre.
Sur le sixième mille,	3 0 par livre.
Sur le septième mille,	4 0 par livre.
Sur le huitième mille,	5 0 par livre.
Sur le neuvième mille,	6 0 par livre.
Sur le dixième mille,	7 0 par livre.
Sur le onzième mille,	8 0 par livre.
Sur le douzième mille,	9 0 par livre.
Sur le trezième mille,	10 0 par livre.
Sur le quatorzième mille,	11 0 par livre.
Sur le quinzième mille,	12 0 par livre.

		s. d.
Sur le seizième mille,		13 0 par livre.
Sur le dix-septième mille,		14 0 par livre.
Sur le dix-huitième mille,		15 0 par livre.
Sur le dix-neuvième mille,		16 0 par livre.
Sur le vingtième mille,		17 0 par livre.
Sur le vingt-unième mille,		18 0 par livre.
Sur le vingt-deuxième mille,		19 0 par livre.
Sur le vingt-troisième mille,		20 0 par livre.

La table précédente montre la progression par livre sur chaque mille progressif. La table suivante fait voir le montant de la taxe sur chaque mille séparément, dans la dernière colonne, le total des sommes séparées.

TABLE II.

	l.	d.	l. s. d.
Une fortune de	50 par an à	3 par l. paie	0 12 6
	100	3	1 5 0
	200	3	2 10 0
	300	3	3 15 0
	400	3	5 0 0
	500	3	7 5 0

Après 500 liv. la taxe d'un demi-schelling par livre aura lieu sur les secondes 500 l. En conséquence, une fortune de 1,000 l. par an, paie 21 l. 15 ch. & ainsi

	l.	s. d.	l. s.	Total. l. s.
Le 1e.	500 à	0 3 par livre	7 5	} 21 15
2e.	500 à	0 6	14 10	
2e.	1,000 à	0 9	37 10	59 5
3e.	1,000 à	1 0	50 0	109 5
4e.	1,000 à	1 6	75 0	184 5

	l.	s.	d.	l.	s.	l.	s.
5ᵉ.	1,000 à	2	0	100	0	284	5
6ᵉ.	1,000 à	3	0	150	0	434	5
7ᵉ.	1,000 à	4	0	200	0	634	5
8ᵉ.	1,000 à	5	0	250	0	880	5
9ᵉ.	1,000 à	6	0	300	0	1180	5
10ᵉ.	1,000 à	7	0	350	0	1530	5
11ᵉ.	1,000 à	8	0	400	0	1930	5
12ᵉ.	1,000 à	9	0	450	0	2380	5
13ᵉ.	1,000 à	10	0	500	0	2880	5
14ᵉ.	1,000 à	11	0	550	0	3430	5
15ᵉ.	1,000 à	12	0	600	0	4030	5
16ᵉ.	1,000 à	13	0	650	0	4680	5
17ᵉ.	1,000 à	14	0	700	0	5380	5
18ᵉ.	1,000 à	15	0	750	0	6130	5
19ᵉ.	1,000 à	16	0	800	0	6930	5
20ᵉ.	1,000 à	17	0	850	0	7780	5
21ᵉ.	1,000 à	18	0	900	0	8680	5
22ᵉ.	1,000 à	19	0	950	0	9630	5
23ᵉ.	1,000 à	20	0	1000	0	10630	5

La proproiété dont le produit s'élève à vingt-trois mille livres, supporte une taxe de vingt sols pour livre ; & par conséquent, toute terre dont le revenu passe de mille livres ce produit, ne peut plus rapporter de profit, que par la division : quelque formidable que paroisse cette taxe, je ne crois pas qu'elle produise autant que la taxe de remplacement (1) ; & si elle rendoit davantage, il faudroit la diminuer d'autant & bonifier, de cette diminution les propriétés de deux à trois mille livres de revenu.

Cette taxe est plus légère sur les fortunes de petite & moyenne valeur, suivant l'intention que sur la taxe de remplacement ; ce n'est que sur

(1) Commutation taxes

les biens de sept à huit mille livres de rente, qu'elle commence à peser; son objet n'est pas dans son produit, mais dans la justice de sa répartition. L'aristocratie s'étoit mise un peu trop à couvert des charges publiques : cette taxe sert à rétablir une partie de l'équilibre.

Pour donner un exemple de l'habileté de l'aristocratie à se mettre à l'abri des impositions, il suffit de remonter à l'établissement des loix fiscales & de les voir sortir de ce que l'on veut bien appeller la *restauration*, ou autrement le retour de Charles II. L'aristocratie qui dominoit alors, comnua les services féodales, auxquelles elle se trouvoit forcée en une taxe qu'elle mit sur la bierre du commerce; c'est-à-dire, qu'elle composa avec Charles II, pour s'exempter ainsi que ses héritiers de ces servies, au moyen d'un impôt que le peuple devoit payer. En effet, l'aristocratie n'achete point de la bierre du commerce, elle fait préparer celle qu'elle consomme, & qui se trouve exempte de tout droit. Si donc à cette époque, il étoit nécessaire d'opérer, dans cette partie, quelque remplacement, ce devoit être aux dépens de ceux qui devoient profiter de l'exemption des servies (1). Mais, loin delà, on en jetta tout le poids sur une classe d'hommes parfaitement distincte.

L'objet principal de cette taxe progressive, outre la justice de rendre l'impôt plus égal qu'il n'est, c'est, comme il a déjà été dit, d'extirper l'énorme influence qui naît de la primogéniture, cette loi contraire à la nature, & qui est la principale source de la corruption des élections.

___

(1) La taxe sur la bierre fabriquée pour être vendue, dont l'aristocratie s'est exemptée, est presque d'un million au-dessus de celle de remplacement. En 1788 elle rendit 1,666,152 liv. L'aristocratie devroit donc prendre sur elle seule, la taxe de remplacement, quoiqu'elle est déjà exempte d'un impôt qui est plus fort presque d'un million.

Il pourroit n'être pas bon, à cause des conséquences qu'on pourroit en tirer, de rechercher, comment purent se former ces vastes possessions, de trente, quarante & cinquante milles livres sterlings de revenu ; & cela dans des temps où le commerce & les manufactures ne pouvoient pas procurer les moyens de faire des acquisitions aussi immenses. Qu'on se contente de remédier au mal, en mettant ces possessions dans le cas de rentrer dans la masse commune, au moyen des successions égales, entre tous les héritiers des familles qui les possèdent. C'est d'autant plus nécessaire, que jusques-ici, l'aristocratie n'a cessé de placer ses enfans puînés & ses parens, dans des places inutiles, qui sont oppressives & qui, si elles étoient supprimées, les laissoient sans espoir ; à moins que la loi de la primogéniture ne soit en même-temps abolie (1).

---

(1) La révolution de france a fait publier plusieurs écrits sur les inconvéniens de la primogéniture. Mais l'ouvrage que f. lathenas fit paroître en 1789, & qu'il avoit médité depuis long-temps, a le plus contribué à faire revenir des préjugés répandus de temps immémorial en faveur des aînés. Cependant, il est certain que la primogéniture, telle qu'elle a été établie, chez les peuples modernes, ne doit son origine qu'au régime féodal, ou plutôt à l'anarchie qui le suivit, par-tout ; f. lathenas avoit établi ce point intéressant d'histoire, dans des recherches qu'il avoit faites, pour servir de première partie à l'ouvrage qu'il a publié. Il a eu tort de croire, voyez *l'adresse présentée à l'assemblée nationale*, au mois d'août 1790, par une société patriotique, celle des AMIS DE L'UNION ET DE L'ÉGALITÉ DANS LES FAMILLES, il a eu tort de croire qu'après l'abolition du régime féodal, prononcé par la première assemblée nationale, il étoit entièrement inutile de mettre au grand jour cette vérité, & de l'étayer de toutes ses preuves. Car, sans doute, c'est pour l'avoir méconnu qu'on n'a rien fait encore, pour empêcher l'inégalité dans les successions ; qui résulte uniquement de la volonté. Les testamens font encore régner la primogéniture la

Une taxe progressive remplira en grande partie cet objet ; & cela, par l'intérêt même des personnes sur lesquelles cette taxe doit peser davantage, comme cela se voit dans la table qui suit & qui montre le produit net de chaque possession, après en avoir soustrait la taxe. Cette table fait voir, qu'un bien qui excédera treize ou quatorze mille livres de revenu, rapportera, pour le surplus, très-peu de profit au possesseur : & ce surplus par conséquent passera alors facilement aux enfans plus jeunes, ou aux autres parens.

TABLE III.

Produit de chaque bien, depuis 1,000 jusques à 23,000 liv. de revenu.

SOMME DU REVENU.	TAXE A DÉDUIRE.	PRODUIT NET.
1,000.	21.	979.
2,000.	59.	1,941.
3,000.	109.	2,891.
4,000.	184.	3,816.

plus rigoureuse, dans un empire où l'on veut que l'égalité soit établie!!!

Rien n'est donc plus important que de prouver que cet usage, que l'orgueil & l'amour de la domination font faire des testamens, est uniquement sorti de la féodalité, & que, pour détruire entièrement son régime, il faut nécessairement *ôter* aux parens la faculté de tester. En angleterre, outre la loi qui établit le droit de primogéniture, les parens font le même abus des testamens. Les recherches de f. lathenas, sur l'origine de cet abus & sur la corruption particulière qu'il engendre, y seroient donc bien acceuillies : & l'on ne peut que desirer que l'on retrouve le manuscrit de cet ouvrage, dont l'auteur a fait hommage à l'assemblée nationale, le 4 décembre 1791, & que l'on a perdu, à ce qu'il paroît, par une négligence inconcevable des secrétaires de l'assemblée alors en fonction, ou par celle des bureaux.

R

Somme du revenu.	Taxe à déduire.	Produit net.
5,000.	284.	4,716.
6,000.	434.	5,566.
7,000.	634.	6,366.
8,000.	880.	7,120.
9,000.	1,180.	7,820.
10,000.	1,530.	8,470.
11,000.	1,930.	9,070.
12,000.	2,380.	9,620.
13,000.	2,880.	10,120.
14,000.	3,430.	10,570.
15,000.	4,030.	10,970.
16,000.	4,680.	11,320.
17,000.	5,380.	11,620.
18,000.	6,130.	11,870.
19,000.	6,930.	12,170.
20,000.	7,780.	12,220.
21,000.	8,680.	12,320.
22,000.	9,630.	12,370.
23,000.	10,630.	12,370.

N. B. Les schellings sont négligés dans cette table.

Selon cette table, un bien de 23,000 l. ne peut produire que 12,370 l. net, déduction faite de la taxe territoriale & de la taxe progressive. La division de ces biens considérables sera en conséquence l'effet même de l'intérêt des familles. Car une possession de 23,000 liv. de produit par an, divisée en cinq portions de quatre mille livres chacune, ne sera chargée alors que de 1,119 livres de taxes, ce qui fait le cinq pour cent ; tandis que si elle est entre les mains d'un seul possesseur, elle supportera une imposition de 10,630 liv.

Il est inutile en ce moment de rechercher l'origine de ces possessions étendues, mais il est essentiel de savoir si l'on doit les laisser subsister dans leur état actuel. Cette question est du plus grand intérêt national, comme biens héréditaires; la loi fit le mal, c'est à la loi à y porter remède.

La primogéniture doit être abolie, non seulement parce qu'elle est injuste & contre nature, mais encore parce qu'elle fait souffrir les plus grands maux à la chose publique, en dépouillant, comme je l'ai observé, les enfans puînés de la portion dans l'héritage commun qui leur appartient, l'état est chargé de leur entretien, & la liberté des élections est violée, par l'énorme influence que produit ce monopole injuste du patrimoine des familles. Et ce n'est pas tout. Il prodigue la propriété nationale à toutes sortes d'emplois stériles.

Une portion considérable des terres employées à des parcs étendus, à des forêts de chasse; & cela dans un temps où les récoltes en grain n'égalent pas les consommations nationales (1). En en mot, les maux qui résultent du systême aristocratique, sont si nombreux & si grands, si contraires à tout ce qui est juste, sage, naturel & bienfaisant que quand on les considère, on net peut douter que beaucoup de ceux qui se trouvent compris dans cette classe desirent les voir abolis

Quel plaisir peuvent-ils trouver à voir l'état précaire, même l'indigence certaine de leurs fils puînés? Toute famille aristocratique, quelle que soit son opulence, est nécessairement entourée de familles moins riches qui, dans très-peu de siècles, ou très-peu de générations, seront plongées dans la misère & se consoleront en contant l'histoire de leurs ancêtres dans les maisons d'aumônes, les maisons de force & les prisons. C'est la conséquence naturelle de l'aristocratie. Le pair & le pauvre qui demandent l'au-

---

(1) Voyez les rapports sur le commerce des bleds.

mône, sont souvent de la même famille. Un extrême produit l'autre; pour faire un riche, il faut l'environner d'une multitude d'indigens. Ce système ne peut être soutenu que par ce moyen.

Il y a deux classes d'hommes à qui les loix d'angleterre sont particulièrement nuisibles ; ce sont les plus dénuées de secours ; les puînés & les pauvres. Je viens de parler des premiers. Quant à ceux-ci, je citerai un seul exemple, dans le nombre de ceux qu'on pouvoit rapporter:

Différentes loix sont en vigueur, pour régler & limiter le salaire des ouvriers ; pourquoi ne pas les laisser aussi libres de faire eux-mêmes leurs marchés, que les législateurs le sont d'affermer leurs fermes & leurs maisons? Le travail de leurs bras fait toute leur propriété. Pourquoi cette propriété, la seule qu'ils possèdent, peut-elle être attaquée? Mais l'injustice paroîtra bien plus forte, si l'on considère ces loix en elles-mêmes, & dans leurs conséquences. Quand les gages sont fixés par ce qu'on appelle une loi, les salaires légaux restent au même prix ; tandis que le prix des consommations augmente. Car les auteurs de cette loi, continuent de créer de nouvelles taxes appuyées de nouvelles loix, & renchérissent ainsi par une loi les denrées nécessaires à la vie, tandis que par une autre loi ils ôtent le moyen de se les procurer.

Mais si ces fabricateurs redoutables des loix & d'impôts, pensent qu'il est juste de limiter ainsi les modiques salaires que le travail personnel eut produit, & sur lequel doit vivre toute une famille, ils doivent se trouver l'objet d'une préférence bien inconcevable, quand la loi ne limite par leur portion à moins de 12,000 livres de revenu annuel, & cela en propriétés de terres que n'acquirent jamais probablement aucun de leurs ancêtres, dont ils ont tous fait un usage si pernicieux.

C'en est assez sur ce sujet. Je vais rapprocher, sous un seul point de vue, les articles différens, sur lesquels je me suis arrêté.

Les huit premiers articles ont été expliqués depuis la p. 119.

1. Abolition de l'impôt pour les pauvres.

2. Fonds pour deux cens cinquante-deux mille familles pauvres, à raison de quatre liv. par chaque enfant au-dessous de quatorze ans, lesquels fonds, avec l'addition de deux cens cinquante mille livres, pourvoiront à l'éducation d'un million & trente mille enfans.

3. Pensions de six livres par an, pour chaque personne pauvre, marchands ruinés ou autres, dont on a porté le nombre à soixante & dix mille, de l'âge de 50 à 60 ans.

4. Pensions de dix livres pour la vie à toutes les personnes pauvres, marchands ruinés ou autres, dont on a porté le nombre à soixante & dix mille, de l'âge de soixante ans.

5. Dons de vingt sous par chaque naissance, dont on porte le nombre à cinquante mille.

6. Dons de vingt sous pour chaque mariage, dont on porte le nombre à vingt mille.

7. Fonds de vingt mille livres employés aux dépenses funéraires des ouvriers voyageurs qui meurent loin de leurs amis.

8. Travaux toujours ouverts dans les villes de londres & de westminster, pour les personnes qui tombent dans l'indigence.

SECONDE ÉNUMÉRATION.

9. Abolition de la taxe sur les maisons & les fenêtres.

10. Dons de trois sous par semaine, pour leur vie, à quinze mille soldats licenciés & proportion-

nellement aux officiers des corps de troupes licenciées.

11. Augmentation de la paye des soldats restans de 19,500 livres annuellement.

12. Le même don aux hommes de mer licenciés, & la même augmentation de paye, qu'à l'armée.

13. Abolition de la taxe de remplacement.

14. Plan d'une taxe progressive, dont l'effet seroit d'extirper la loi injuste & contre nature de la primogéniture & l'influence funeste du système aristocratique (1).

---

(1) Quand on aura fait des recherches sur les divers degrés de misère que supporte la partie indigente de la société, on trouvera probablement qu'il est nécessaire d'adopter un tout autre arrangement que celui qui est ici proposé. Les veuves, par exemple, chargées de famille, ont un plus grand besoin de secours. Il y a ensuite des différences, par rapport à la cherté des consommations, dans divers pays, & particulièrement pour le chauffage.

Supposez donc que des milliers de circonstances extraordinaires à la taxe de 10 livres par an, pour chaque famille. . . . . 500,000 liv.
100,000 familles à 8 l. par an 800,000
100,000 familles à 7 l. par an 700,000
104,000 familles à 5 l. par an 520,000
Et en place de dix sols par chaque enfant, pour leur éducation, allouez cinquante sols par famille, pour cet objet, à cinquante mille familles. 250,000

. . . . 2,770,000
140,000 personnes âgées comme ci-dessus. . 1,120,000

. . . . 3,890,000 liv.

Cette disposition emploie la même somme que celle proposée aux pag. 115 & suiv. comprenant 150,000 liv. pour l'éducation. Mais elle pourvoit, en comprenant les gens âgés, au soutien de quatre cents quatre mille familles, ce qui est un tiers de toutes les familles d'angleterre.

Il reste encore, ainsi que cela a été établi précédemment un million de surplus dans le produit des taxes. Une partie de cette somme pourra servir à pourvoir à une foule de circonstances imprévues; & l'excédent permettroit de faire ensuite une réduction proportionnée sur les taxes.

Parmi les réclamations que la justice autorise, le traitement des percepteurs en sous ordre des impôts, mérite la première attention. C'est un reproche que méritent tous les gouvernemens, de dépenser, des revenus immenses, à entretenir sans fonctions, purement de nom & inutiles, & de ne pas donner ce qui est nécessaire pour vivre à ceux sur lesquels tombe tout le travail. Le salaire des percepteurs des impôts fut fixé, il y a plus de cent ans, au taux modique de cinquante livres par an & moins. Il est nécessaire de le porter à soixante-dix. Environ cent vingt mille livres employées à cette augmentation, porteront tous ces salaires à un taux raisonnable.

On proposa de faire ce changement il y a vingt ans au moins. Le conseil de la trésorerie d'alors fut saisi de frayeur, que cela ne conduisit à une demande pareille, de la part de l'armée & de la marine. Mais il arriva que le roi, ou quelqu'un de sa part, s'adressa au parlement, pour lui faire grossir son salaire, de cent mille livres sterlings par an; ce qui étant fait, tout le reste fut mis de côté, & resta sur l'ancien pied.

Quant à une autre classe d'hommes, le clergé inférieur, je me garderai de m'étendre sur sa situation. Néanmoins, mettant à part toute partialité & tout préjugé, pour où contre les différens modes & formes de religion, la justice la plus simple peut décider s'il faut qu'il y ait un revenu par an de vingt, de trente livres pour un homme & de dix mille livres pour un autre. Je parle avec d'autant plus de liberté sur ce sujet, que je suis connu pour n'être pas presbytérien, & par conséquent le cri ordinaire des sycophantes de cour sur l'église & les assemblées, qu'ils jettent pour amuser & séduire la nation, ne peut point s'élever contre moi.

Hommes simples des deux partis, ne pénétrez-vous pas cette adresse des cours. Si vous continuez vos débats & vos disputes sur l'église & les assemblées, vous remplirez parfaitement le desir de tout courtisan qui vit en attendant, consomme le produit des taxes publiques, & rit de votre crédulité. Toute religion est bonne, si elle apprend à l'homme d'être bon; & je n'en connois aucune qui lui enseigne d'être méchant.

Les calculs qui précédent ne supposent que seize millions & demi de taxes payées au trésor public, déduction faite des frais de perception, tandis que la somme actuellement payée au trésor monte à près de dix-sept millions.

Les impôts levés en écosse & en irlande y sont dépensés; & leurs épargnes sortiront de ces mêmes impôts. Mais si une partie étoit payée dans le trésor de l'angleterre, on pourroit la rendre; ce ne seroit pas une différence de cent mille livres par an.

Il ne reste plus à considérer que la dette publique. Dans l'année 1789, l'intérêt, la tontine exceptée, étoit de 9,150,138 livres. Le ministre sait mieux que moi de combien, depuis, elle a été réduite. Mais après en avoir payé l'intérêt, après avoir aboli la taxe sur les maisons & fenêtres, celle de remplacement, l'impôt des pauvres fait tous les jours fonds pour eux, pour l'éducation des enfans, pour le soutien des vieillards, pour la portion de la marine & de l'armée licenciee, enfin pour l'accroissement de la paye du reste, il restera un surplus d'un million.

Le projet actuel de payer la dette nationale,
me

me semble, parlant comme une personne indifférente, être une opération mal concertée, si elle n'est pas fausse. Le poids de la dette nationale, n'est pas d'être de tant de millions, ou de tant de centaines de millions; mais, il réside dans la quantité de taxes levées chaque année, pour en payer l'intérêt. Si cette quantité de taxes reste la même, le poids de la dette est aussi le même, que le capital soit un peu plus ou un peu moins considérable.

Le public ne peut s'appercevoir de la réduction de la dette, que par celle des taxes destinées à payer l'intérêt. La dette n'est donc pas réduite d'un liard par tous les millions qu'on en a payé : & il faudroit maintenant plus d'argent pour en acheter le capital, que quand ce projet commença.

Laissant, pour un moment, ce point auquel je reviendrai, je remonte à l'élevation de m. pitt au ministère.

J'étois alors en amérique; la guerre étoit finie; & quoique les ressentimens fussent calmés, cependant le souvenir en restoit encore.

Quand la nouvelle de la coalition arriva, quoiqu'elle ne m'intéressât pas du tout, comme citoyen de l'amérique, j'y fus sensible comme homme. Il y avoit quelque chose de choquant dans le jeu public qu'on s'étoit fait de la décence, si ce n'est pas même des principes. C'étoit impudence dans lord-north, & défaut de fermeté dans fox.

M. pitt étoit ce qu'on peut appeler un caractère *modéré* en politique. Bien loin d'être vendu il ne parut pas même initié dans les premiers mystères des cours : tout étoit en sa faveur. Le ressentiment qu'on avoit contre la coalition, le servit à la place d'amitié; & l'on prit, pour vertu, son ignorance du vice. Après le retour de la paix, le commerce & la prosperité devoient s'élever d'eux-mêmes; & cependant on lui fit honneur de leur élevation.

S

(138)

Quand il vint au gouvernail, la tempête étoit cessée ; rien n'arrêta sa marche. Il falloit de la simplicité même pour être mal, & il y réussit. Un court espace de temps le montra semblable à tous ses prédécesseurs. Au lieu de profiter de ces erreurs qui avoient accumulé le poids des taxes dont il n'est pas d'autre exemple dans le monde, il chercha, je pourrois presque dire, il provoqua tous les moyens d'augmenter l'impôt. Visant à quelque chose, sans savoir à quoi, il chercha des avantures dans l'europe & dans l'inde ; & abandonnant les prétentions avec lesquelles il commença, il devint le chevalier errant des temps modernes.

Il est pénible de voir un homme de caractère se perdre ; mais il est plus désagréable encore de se voir trompé. M. pitt n'avoit rien mérité, mais il avoit beaucoup promis. Il avoit donné des marques d'un esprit au-dessus de la bassesse & de la corruption des cours. Sa candeur apparente encouragea les espérances, & la confiance publique, au milieu du cahos des partis opposés, après avoir été ébranlée, se ranima & s'attacha à lui. Mais trompant l'espérance de la nation qui, dégoûtée de la coalition s'étoit fait une grande idée de son mérite, il a donné dans des mesures qu'un homme moins appuyé n'auroit jamais osé tenter.

Cet exemple montre que tout changement de ministre ne signifie rien. L'un sort, l'autre entre, & toujours l'on suit les mêmes mesures ; l'on se livre aux mêmes vices ; l'on fait les mêmes extravagances. Qu'importe qu'on soit ministre, le défaut est dans le système. Le fondement & la structure du gouvernement sont mauvais ; étayez le comme il vous plaira, il tombera également dans le gouvernement de la cour, & s'y enfoncera toujours davantage.

Je reviens, comme je l'ai promis, à la dette

nationale, cet enfant de la révolution anglo-allemande, & de son esclave la succession d'hanovre.

Il est maintenant trop tard pour rechercher les principes de cette dette. Ceux à qui il est dû, ont avancé l'argent, & ce n'est pas leur crime, s'il fut bien ou mal dépensé, ou même s'il fut volé. Il est cependant facile de voir que, comme la nation fait continuellement des progrès dans la connoissance de la nature & des principes du gouvernement & de l'impôt ; comme elle compare, à cet égard, l'amérique, la france & l'angleterre, il est impossible de la tenir long-temps encore dans l'état de léthargie où elle a été jusqu'à présent. Il faut nécessairement que quelques réformes s'en suivent. Peu importe que les principes pressent, avec plus ou moins de force, dans le moment présent. Ils sont répandus dans le monde, & rien ne peut arrêter leur action. Comme un secret une fois divulgué, on ne peut les rappeler : & c'est être véritablement bien aveugle si l'on ne voit pas qu'il se commence déjà un grand changement.

Neuf millions de taxes mortes sont une chose très-sérieuse ; & ce n'est pas seulement à un mauvais gouvernement qu'elles sont dues, mais en grande partie à un gouvernement étranger. En plaçant le pouvoir de faire la guerre, entre les mains d'étrangers qui ne vinrent que pour s'enrichir, on ne pouvoit attendre que ce qui est arrivé.

On a déjà donné, dans cet ouvrage, des raisons qui montrent que quelque reforme qu'on fasse dans les impôts, elle doit porter sur les dépenses courantes du gouvernement, & non sur cette partie appliquée à l'intérêt de la dette nationale. En exemptant le pauvre de sa taxe, il sera entièrement soulagé, tout mécontentement de sa part sera éteint, & en modifiant celles des taxes dont il a été parlé ci-dessus, la nation regagnera fort au-delà de la dépense quelle a faite pour la folle guerre d'amérique.

Il ne reste plus qu'à considérer la dette nationale, comme un sujet de mécontentement. Pour l'éloigner, ou plutôt pour le prévenir, ce seroit une bonne politique de la part même des propriétaires des fonds, de les considérer comme toute autre propriété, sujette à supporter une portion de la taxe. On tourneroit ainsi la nation en faveur de la dette; elle acquerroit une nouvelle sûreté; &, comme une grande partie de ses inconvéniens, sont balancés par les avantages du capital qu'elle tient en circulation, une mesure de cette espèce finiroit de l'emporter, & répondroit à toute objection. (1)

Ces vues peuvent être remplies par des moyens graduels, tels que ce qui est nécessaire sera fait convenablement, avec la facilité la plus grande.

Au lieu de taxer le capital, la meilleure méthode seroit de taxer l'intérêt dans quelque rapport progressif, & de diminuer les impositions publiques, dans la même proportion que la diminution de l'intérêt.

―――――――――――

(1) Les créanciers de l'angleterre ont le plus grand intérêt, pour la sûreté de leurs créances, que ce que paine propose leur arrive. L'aristocratie & le despotisme eussent fait faire la banqueroute en france, s'il s'étoient maintenus. Mais les créanciers de l'état y ont fait la faute, de ne pas demander, eux-mêmes, que la dette soit assujettie à un impôt, avec plus de patriotisme; ou seulement, des vues plus étendues, ils eussent mieux pourvu à leur sûreté; ils auroient eu alors plus de titres, pour empêcher bien du désordre, s'ils avoient porté sur les finances, l'œil observateur, que leur propre intérêt devoit leur donner, afin d'empêcher les dilapidations horribles qui s'y sont commises depuis la révolution. Leur négligence, leur avidité & leur impéritie les exposent aujourd'hui à toutes les conséquences du désordre dans lequel on cherche à nous jetter. Ce sera une leçon pour les créanciers de l'angleterre. Ils seront certainement plus habiles à profiter du reveil de cette nation, qui ne sera pas moins généreuse que sa voisine, mais qui sera plus exactement juste, en se guidant par les principes qui sont ici exposés. *Note du traducteur.*

Supposez que l'intérêt fût taxé à un demi-denier par livre, la première année, un demi-denier de plus, la seconde, & qu'on avançât ainsi dans un certain rapport qui seroit déterminé, lequel seroit cependant moindre que l'impôt sur toute propriété; cette taxe soustraite de l'intérêt au temps du paiement, seroit ainsi levée sans aucun frais de recette.

Un demi-denier par livre diminueroit l'intérêt, & conséquemment l'impôt de vingt mille livres sterlings. La charge sur les voitures de charge monte à cette somme : cette taxe pourroit donc être abolie, dès la première année. La seconde année, l'impôt sur les domestiques femelles, ou quelque autre, d'un égal produit, pourroit être ôté ; & en procédant de cette manière, toujours appliquant à l'extinction de la dette, l'impôt levé sur la propriété, au lieu de le faire suivre aux besoins courans, on finiroit par s'en délivrer.

Néanmoins, les propriétaires des fonds payeroient alors, moins d'impôts, qu'ils ne font maintenant. Ce qu'ils épargneroient par l'extinction de l'impôt pour les pauvres, de celui sur les maisons & les fenêtres, de la taxe de remplacement, seroit considérablement au-dessus du montant de cette taxe, lente, mais certaine dans ses effets.

Il me semble prudent de rechercher les mesures qui pourvoiroient à toutes les circonstances quelconques qui pourroient se présenter. La crise qui existe en ce moment, dans les affaires de l'europe, semble l'exiger, car, se préparer, c'est sagesse. Si l'impôt est une fois dissous, il sera difficile de le rétablir : & d'ailleurs, le soulagement ne sera jamais aussi salutaire, qu'en procédant par une réduction graduelle & certaine.

La fraude, l'hypocrisie & le mensonge des gouvernemens commencent maintenant à être trop bien connus, pour qu'ils puissent se promettre encore une longue durée. La comédie que jouent, dans toutes les contrées, les monarques & les aristocrates, est prête à avoir le même dénouement que celle de la chevalerie, & m. burke se prépare pour leurs funérailles. Laissons les donc passer, comme toutes les autres folies qui se sont évanouies, & plaignons ceux qui les regrettent.

Le temps n'est pas éloigné où l'angleterre aura honte de dépenser un million sterling par an, pour soudoyer des hommes qu'elle tire à grand frais, de hollande, d'hanovre, de kell, ou de brunswick, qui ne connoissent ni ses loix, ni sa langue, ni ses intérêts, & dont les talens méritoient à peine une place de commissaire de quartier. Le gouvernement est donc une chose bien simple, bien facile, puisqu'il peut être confié à de telles mains; & alors chaque ville, chaque village de l'angleterre, ne peut-il pas fournir tous les matériaux propres à sa construction.

Quand un pays, dans le monde, pourra dire : mes pauvres sont heureux; on n'en trouve aucun dans l'ignorance, ou dans la détresse; mes prisons sont vides; mes rues n'offrent point le spectacle de la mendicité; les vieillards sont pourvus du nécessaire; les taxes ne sont point oppressives; le monde moral est mon ami, parce que je suis celui de son bonheur; quand un pays pourra parler ainsi, qu'il vante sa constitution & son gouvernement.

Dans l'espace de peu d'années nous avons vu deux révolutions; celle d'amérique & celle de france. Dans la première, le débat fut long & le choc violent; dans celle-ci, la nation agit avec une impulsion si forte, que, n'ayant aucun ennemi étranger, la révolution fut complette dans le pouvoir, au moment même où elle éclata. Ces deux exemples démontrent que les forces les plus efficaces, qu'on puisse faire agir pour les révolutions, sont la raison & l'intérêt commun. Partout où elles peuvent agir, l'opposition expire par la crainte, ou se débande par la conviction. Ce sont deux postes élevés, qui dominent maintenant toute la terre, & nous verrons par la suite, s'opérer des révolutions, ou des changemens, dans les gouvernemens, avec la même tranquillite qui peut accompagner toute autre mesure déterminée par la raison, & même par la discussion.

Quand une nation change d'opinions & d'habitudes de penser, elle ne peut plus être gouvernée comme auparavant ; & il seroit non-seulement criminel, mais même d'une mauvaise politique, de tenter par force, ce qui doit être fait par la raison. La rebellion consiste dans une opposition, à force ouverte, contre la volonté générale d'une nation, soit qu'elle vienne d'un parti ou du gouvernement. Il doit donc y avoir dans toute nation, un moyen de reconnoître, quand il est besoin, l'état de l'opinion publique, par rapport au gouvernement. A cet égard, l'ancien gouvernement de france avoit l'avantage sur le gouvernement actuel d'angleterre, parce que, dans les cas extraordinaires, où pouvoit avoir recours à ce qu'on appelloit les états-généraux. Mais en angleterre il n'y a point de corps semblables qu'on puisse convoquer ; & quant à ce qu'on appele maintenant les représentans, ils ne sont, pour la plupart, que de pures machines, que la cour fait mouvoir par l'attraction des places.

Quoique tout le peuple d'angleterre paye des taxes, il est certain qu'une centième partie ne contribue pas aux élections ; & les membres d'une des chambres du parlement ne représente personne qu'eux-mêmes. Il n'y a donc que la volonté spontanée du peuple qui ait le droit d'opérer une réforme générale ; car le même droit que deux personnes ont de convenir de cette réforme, fait que mille le peuvent aussi. L'essentiel, dès les premiers pas, est de découvrir le sentiment général d'une nation, & d'en faire la règle de sa conduite. Si elle prèfère un gouvernement défectueux ou mauvais; si elle préfère de payer dix fois plus de taxes qu'il n'en est besoin, elle a le droit de le faire. Tant que la majorité n'impose pas des lois à la minorité, différentes de celles qu'elle s'impose à elle-même, il peut y avoir de l'erreur & non de l'injustice. L'erreur ne peut être de longue durée. La raison & la discussion découvriroient bien vîte celles dans lesquelles on pourroit d'abord tomber. En procédant ainsi, on n'a pas de désordre à craindre. Dans tous les pays les pauvres sont naturellement paisibles & reconnoissans, quand il s'agit de réformes qui ont leurs intérêts & leur bonheur pour objet. Ils ne se révoltent que lorsqu'on les néglige & qu'on les rejete.

L'attention publique est, dans ce moment, occupée de la révolution de france & de son influence sur les autres gouvernemens. De toutes les nations de l'europe, l'angleterre est la plus intéressée à cet événement. Les circonstances actuelles offrent à ces deux nations une occasion favorable de terminer des inimitiés qui leur ont fait prodiguer des trésors, sans aucun intérêt national; en joignant leurs efforts, elles peuvent réformer le reste de l'europe. Par-là elles préviendront non-seulement l'effusion ultérieure du sang, & l'augmentation des impôts, mais encore, elles se mettront à même, par ce moyen, de s'affranchir de ceux, qui maintenant les accablent, ainsi que je l'ai démontré. L'expérience a cependant montré que les gouvernemens qui ont vieilli dans le pouvoir, ne sont pas portés à encourager de pareilles réformes. C'est donc aux nations & non aux
gouvernemens,

gouvernemens, qu'il appartient d'y pourvoir.

J'ai déjà parlé d'une alliance entre l'angleterre, la france & l'amérique, pour des motifs que je devois exposer. Quoique je ne sois pas autorisé d'aucune manière par l'amérique, j'ai de fortes raisons d'assurer qu'elle seroit disposée à se prêter à de telle mesures, pourvu que les gouvernemens avec lesquels elle s'allieroit, agissent comme gouvernemens nationaux, & non comme des cours enveloppées dans l'intrigue & le mystère. On ne peut douter que la france, comme nation & comme gouvernement national, ne préférât l'alliance avec l'angleterre. Les nations, comme les individus qui ont été long-tems ennemis, sans se connoître, ou sans en savoir les motifs, deviennent ensuite les plus amis, quand elles reconnoissent leur erreur, & les mensonges qui l'avoient fait naître.

Supposant donc la probabilité de cette réunion, j'établirai quelques réflexions qui feront voir qu'en joignant la holande à cette alliance, ces nations seroient non-seulement utiles à elles-mêmes, mais encore à toute l'europe.

Il est certain que si les flottes d'angleterre, de france & de hollande se confédéroient, elles seroient en état de limiter & de désarmer la marine des autres puissances de l'europe, selon les proportions dont-elles conviendroient.

Savoir :

Qu'aucune puissance en europe ne pourroit construire de nouveaux vaisseaux de guerre, & qu'elles se soumettroient elles-mêmes à ce réglement. Que chacune réduiroit sa marine, par exemple, au dixième de son état actuel. Cette opération épargnera à l'angleterre & à la france, au moins, deux millions sterling par an, chacune, & leur force relative seroit toujours dans la même proportion. Si les hommes réfléchissoient, comme des êtres

T

pensans, rien ne leur paroîtroit plus ridicule & plus absurde, abstraction faite même de la morale, que de construire des vaisseaux, de les remplir d'hommes, de les haler en plein océan, pour essayer là qui se coulera à fond le premier. La paix qui ne coûte rien, est suivie d'infiniment plus d'avantages, qu'aucune victoire qui coûte toujour cher. Mais quoique la paix réponde mieux à tout ce que se proposent les nations, elle ne remplit pas les fins des gouvernemens de cour, dont la politique habituelle est de chercher des prétextes pour mettre des impôts, créer des places & former des bureaux.

Il est encore certain, je pense, que les puissances confédérées, dont j'ai parlé, avec les états-unis de l'amérique, pourroient proposer avec succès à l'espagne de déclarer l'indépendance de l'amérique méridionale, & d'ouvrir ces contrées riches & immenses au commerce du monde entier, comme l'amérique septentrionale l'est maintenant.

Une nation qui emploie sa puissance à délivrer le monde de l'esclavage & à se faire des amis, se prépare bien plus de gloire, elle se menage des avantages bien plus réels & bien plus solides, qu'en employant cette même puissance à augmenter les ruines, à porter la désolation & à créer la misère. Les scènes horribles que le gouvernement anglais joue actuellement dans l'inde, ne sont dignes que des goths & des vandales, qui, sans principes, saccagèrent le monde, ne sachant pas en jouir.

L'affranchissement de l'amérique méridionale, ouvriroit un champ immense au commerce ; elle offriroit aux manufactures de l'europe un debouché bien plus avantageux que l'inde, cette partie du monde est pleine de manufactures dont l'importation est nuisible aux manufactures nationales & tarit le numéraire. La balance de ce commerce, au désavantage de l'angleterre, est régulièrement d'un demi million de livres sterlings, transporté chaque année en argent sur les vaisseaux de la compagnie des indes : en y joignant l'intrigue allemande & les subsides qu'elle lève, c'est la raison pour laquelle il y a si peu d'argent en angleterre.

Mais la guerre est une moisson pour les gouvernemens pareils au sien, quelque ruineuse qu'elle soit pour la nation. Elle sert à entretenir des espérances trompeuses, qui empêchent le peuple de remarquer les defauts & les abus du gouvernement ; c'est *le voici*, *le voilà*, des charlatans qui amusent & trompent la multitude.

Jamais, une aussi belle occasion ne s'offrit à l'angleterre & à toute l'europe, que celle que leur donnent les deux révolutions de la france & de l'amérique. Par la première, la liberté a acquis un appui dans l'occident ; par la seconde, elle en a un en europe ; s'il se joint à la france une autre nation, le despotisme disparoîtra, & les gouvernemens n'oseront même pas se montrer. Pour me servir d'une expression triviale ; le fer s'échauffe dans toute l'europe. Les allemands humiliés & les espagnols esclaves, le russe & le polonois commencent à réfléchir. L'âge actuel sera, par la suite, appelé l'âge de raison, & la génération actuelle paroîtra à celles qui viendront, comme l'adam d'un nouveau monde.

Quand tous les gouvernemens de l'europe seront fondés sur une véritable réprésentation, les nations s'instruiront & les préjugés & les inimitiés fomentés par l'intrigue & l'artifice des cours disparoîtront. Le soldat opprimé deviendra citoyen, & le matelot vexé ne sera plus saisi au milieu des rues comme un voleur ; il voyagera en sûreté. Il seroit préférable pour les nations d'assurer aux soldats leur paie pendant leur vie, de les licentier, de les rendre à la liberté, à leurs amis, & de cesser d'en recruter, que de retenir, à si grands frais, une multitude aussi considérable d'hommes, dans une situation aussi stérile pour la société & pour eux-mêmes; à en juger par la manière dont les soldats ont été traités dans la plupart des pays, on les croiroit absolument sans amis. En horreur aux citoyens qui les redoutoient comme des ennemis de la liberté, trop souvent insultés par ceux même qui les commandoient, ils se trouvoient victimes d'une double oppression. Mais aussi-tôt que des principes de liberté se répandent chez un peuple, toute chose est bientôt remise à sa place; & le soldat rend aux citoyens l'accueil qu'il en reçoit.

En réfléchissant sur les révolutions, il est facile d'appercevoir qu'on peut réduire à deux les causes qui les produisent. L'une naît de quelque grande calamité dont il faut s'affranchir, ou qu'on veut éviter; l'autre prend sa source du désir d'un bien considérable & positif, & selon que ces causes agissent, on pourroit distinguer les révolutions en actives & passives. Dans celles qui viennent de la première cause, les esprits s'enflamment & s'aigrissent; la réforme qu'on obtient par le danger est trop souvent souillée par la vengeance. Mais dans celles qui sont l'effet de la seconde, le cœur plutôt animé qu'agité, s'élève avec sérénité à tout ce qui provoque & nécessite un changement. La raison & la discussion, la persuasion & la conviction sont les armes des débats; & ce n'est que lorsqu'on veut les supprimer, qu'alors on a recours à la violence. Quand les hommes s'accordent à dire *qu'une chose est bonne*, si on pouvoit l'obtenir, telle par exemple que l'allégement des impôts & l'extinction de la corruption, leur vœu seroit plus qu'à moitié accompli. Ce qu'ils approuvent quand à sa fin, ils le provoqueront certainement, par les moyens qu'ils auront en leur pouvoir.

Quelqu'un, aujourd'hui que les impôts sont si excessifs & tombent si horriblement sur le pauvre, dira-t-il que la remise de cinq livres sterlings, par an, d'impositions faite à cent quatre mille familles pauvres, n'est pas *une bonne chose*? Dira-t-il que la remise de sept livres sterlings par an, à cent mille autres pauvres familles.—De huit livres sterlings, par an, à un mille autres & de dix livres sterlings, par an, à cinquante mille autres familles pauvres qui restent sans chefs, dira-t-il que ce ne sont pas de *bonnes choses*? Et pour avancer un dégré de plus dans cette progression, dira-t-il que pourvoir aux malheurs qui affligent la vie, assurer six livres sterlings, par an, à tous les indigens, à toutes les personnes de cinquante jusqu'à soixante ans tombés dans l'infortune, & de six livres sterlings, par an, à celles qui ont passé soixante ans, dira-t-il que ce ne soit pas *une bonne chose*.

Quelqu'un dira-t-il que l'abolition de deux millions de la taxe des pauvres, avantage accordé aux propriétaires de maisons; l'abolition entière de celle sur la lumière, c'est-à-dire, sur les fenêtres; l'abolition de la taxe de remplacement; dira-t-il que tout cela ne soit pas *une bonne chose*? Ou bien soutiendra-t-il qu'abolir la corruption n'est pas *une bonne chose*?

Il s'ensuit, que si le bien qui est à acquérir, vaut une révolution passive, rationelle & sans frais, ce seroit une bien mauvaise politique de préférer d'attendre quelque malheur public qui forçât d'en faire une plus violente. Je ne puis croire, en considérant l'esprit de réforme, qui se répand dans toute l'europe, que l'angleterre veuille être la dernière. Il est absurde d'attendre les troubles & les désordres, pour faire des changemens, quand l'occasion de les opérer avec aisance & tranquillité, se présente favorablement. Il peut-être honorable, pour les facultés physiques & animales de l'homme, d'obtenir par son courage & en bravant le danger, les redressemens qu'il demande, des abus, mais il est bien plus honorable, pour ses facultés intellectuelles, d'arriver au même but, par la raison, la conciliation & le consentement général. (1)

Comme l'esprit de réforme ou de révolution; appellez-le comme il vous plaira, s'étend chez des nations entières, ces nations formeront, entr'elles, des alliances, elles se réuniront en conventions; & quand quelques-unes se seront ainsi confédérées, la marche de la liberté sera rapide, jusques à ce que le despotisme & la corruption du gouvernement soit entièrement extirpés, au moins dans la moitié du monde, l'europe & l'amérique. Alors on pourra

___

(1) Je connois l'opinion des hommes les plus éclairés en france, car par-tout il y en aura qui prévoiront davantage les événemens que d'autres ; je sais que beaucoup, non-seulement dans la masse générale des citoyens, mais encore plusieurs des principaux membres de la première assemblée nationale, pensent que le système monarchique ne sera pas de longue durée dans ce pays. Ils ont reconnu que comme la sagesse ne peut être rendue héréditaire, le pouvoir ne doit pas l'être, & qu'un homme, pour mériter un million sterling par an, d'une nation, devroit avoir un esprit capable de comprendre depuis un atome jusques à l'univers ; & s'il l'avoit, il dédaigneroit d'être payé. Mais ces hommes qui ont senti toutes ces choses, n'ont pas voulu conduire la nation plus vite que sa propre raison, & que son intérêt même ne l'exigeoit. Dans toutes les conversations sur ce sujet, auxquelles j'ai assisté, j'ai toujours remarqué cette opinion, comme la plus générale, que quand on en seroit arrivé là, la méthode la plus honorable & la plus digne seroit, de faire un beau présent, à la personne, quelle qu'elle soit, qui remplira la charge de *roi*; & quant à elle, ce qu'elle pourra faire de mieux, ce sera de jouir, dans la vie privée, des droits & des privilèges communs à tous les citoyens, & du plaisir de n'être pas plus responsable que tout autre envers le public, de son tems & de sa conduite.

ordonner aux pirates algériens de cesser leurs brigandages, car ils ne se continuent que par la politique infernale des anciens gouvernemens, qui les porte à se nuire les uns aux autres.

Dans tous le cours de cet ouvrage, quelque variés que soient les sujets dont il traite, il n'y a qu'un seul mot sur la religion : sçavoir ; *que toute religion est bonne, qui apprend à l'homme à être bon.*

J'ai soigneusement évité de m'étendre sur ce sujet, parce que je suis porté à croire, que ce qu'on appelle actuellement les prêtres, ne desire rien tant que de voir durer les disputes de religion, pour empêcher la nation de tourner son attention vers des sujets qui touchent au gouvernement. (1) C'est comme s'ils disoient *ne voyez que ce chemin ; ne voyez que celui-là.*

Mais comme on fait très-mal-à-propos, de la religion une machine politique & que la vérité est par-là détruite, je terminerai par l'idée que, pour moi, je me fais de la religion.

Si nous supposons une grande famille, dans

---

(1) Les prêtres ont toujours trahi les intérêts de la morale & du bonheur des peuples, pour le maintien de la tyrannie à laquelle la superstition sert d'appui. F. lanthenas a mis en évidence ce fait, bien important pour l'humanité, dans l'ouvrage qu'il a publié contre l'abus des testamens, au moyen desquels, la primogéniture subsiste, ou s'agrave, au détriment de la foule de puînés qu'elle dépouille. Il a montré que si les prêtres songeoient à la morale & au bonheur des hommes, comme ils en prennent l'apparence dans leurs discours, pour les tromper, ils se seroient les premiers élevés contre cet abus volontaire des testamens, évidemment réprouvé par la morale & la religion. Cependant, en angleterre, ils y sont tout aussi indifférens qu'ils le sont en france, sur ce point, pourvu que la dîme se paie ; pourvu que les esprits leur soient superstitieusement soumis, que leur importe la masse que la progéniture engendre ? Elle est le soutien de l'aristocratie, & l'aristocratie, comme le despotisme, sont le soutien des prêtres.

laquelle, à ces jours particuliers, ou dans certaines circonstances, les enfans se soient accoutumés, d'eux mêmes à présenter à leurs parens quelque preuve de leur affection & de leur reconnoissance, chacun d'eux feroit une offrande différente; & probablement aussi la manière dont il l'offriroit seroit encore différente. Quelques-uns tourneroient leurs complimens en pièces de vers ou de prose; d'autres se contenteroient de petites devises, selon que leur esprit le leur dicteroit ou qu'ils croiroient plaire; peut-être que le plus petit nombre, incapable de rien faire de tout cela, courroit dans les jardins ou les campagnes, & cueilleroit ce qu'il croiroit être la plus belle fleur, ne fut-ce qu'une simple plante sauvage. Les parens seroient bien plus satisfaits par cette variété, que si tous s'étoient concertés pour n'avoir qu'un plan & que chacun eut fait exactement la même offrande. La fête alors auroit l'apparence froide du préparatif & toute la gêne qui nait d'un dessein médité. Mais rien ne seroit plus étrange & n'affligeroit davantage les parens, si, pour savoir quel est le meilleur présent, ils se saisissoient tous, garçons & filles, & s'entre déchiroient.

Pourquoi ne supposerions-nous pas que notre père commun se plaît aussi dans la diversité des prières des dévots, & que la plus grande offense dont nous puissions être coupables envers lui, c'est de nous tourmenter les uns & les autres, & de nous rendre misérables. Pour moi, je pense qu'il voit avec plaisir les efforts que je fais, & je m'y livre avec joie, afin de reconcilier l'espèce humaine, de rendre notre état meilleur, d'unir les nations qui ont été jusques à ce jour ennemies, d'extirper l'horrible pratique de la guerre & de briser les chaînes de l'esclavage & de l'oppression.

Je ne crois pas que deux hommes qui réfléchissent

sent, pensent d'une même manière, sur ce qu'on appelle des points de doctrine. Il n'y a que les hommes qui n'ont jamais médité qui s'accordent sur ce sujet. Il en est comme de la constitution d'angleterre ; il a été reçu, comme une chose de convention, qu'elle étoit bonne, & les éloges ont pris la place des preuves. Mais quand la nation examinera les principes & les abus qu'elle récèle, on lui trouvera plus de défauts encore que je n'en ai relevé.

Quant à ce qu'on appelle religion nationale, on pourroit aussi bien dire des dieux nationaux. C'est une ruse politique, ou bien un reste du paganisme, ce système qui donnoit à chaque nation sa divinité particulière & séparée. Parmi tous les écrivains de l'église anglicane qui ont traité d'une manière générale ce sujet de la religion, l'évêque actuel de landaff n'a pas été surpassé, & c'est avec beaucoup de plaisir que je saisis l'occasion de lui rendre cet hommage.

J'ai poussé l'examen du sujet que j'ai entrepris de traiter ici, aussi loin qu'il me semble maintenant possible. C'étoit mon intention, depuis cinq ans que je suis en europe, de faire une adresse au peuple anglais sur son gouvernement, si l'occasion s'en présentoit, avant mon retour en amérique ; burke me l'a offerte, & je l'en remercie. Il y a trois ans que, par circonstance, je l'invitai à proposer une convention nationale chargée d'examiner la situation présente de la nation. Mais je reconnus que quelque fort que fût alors le courant parlementaire, contre lequel luttoit le parti où il s'étoit jetté ; sa politique & celle de ses compagnons étoit de retenir toutes choses dans le champ de la corruption, & de se confier aux événemens. Une longue expérience avoit montré que les parlemens suivroient toujours les changemens du ministère, &

V

ils reposoient là-dessus leur attente & leurs espérances (1).

Autrefois, quand on se divisoit par rapport au gouvernement, on recourroit à l'épée, & la guerre civile éclatoit. Cette coutume sauvage est rejettée par le nouveau système; l'on a recours aux conventions nationales. La discussion & la volonté générale décident la question; toute opinion particulière cède de bonne grace, & le bon ordre est conservé sans interruption.

Quelques personnes ont affecté d'appeler les principes d'après lesquels j'ai écrit sur les droits de l'homme, *une doctrine de nouvelle invention*. La question n'est pas de savoir si ces principes sont anciens ou nouveaux, mais s'ils sont justes ou faux. En les supposant justes, je vais faire sentir par une figure qui se comprendra aisément, les effets qu'ils doivent produire.

C'est maintenant le milieu de février. Parcourant la campagne, les arbres nous présentent encore, dépouillés de leurs feuilles, toute l'apparence de l'hiver. Comme l'on est communément porté, en se promenant, à arracher de jeunes branches, il pourroit m'arriver de faire la même chose, & par hasard, d'observer qu'un bouton, sur cette branche,

―――――――――――――――――――

(1) Depuis l'ouvrage apologétique de la constitution d'angleterre, de delolme, si loué par l'aristocratie en france & si bien payé par le gouvernement anglais, l'hypocrisie de ce gouvernement, sa corruption & la misère du peuple, qui en est la suite, ont été devoilés par plus d'un écrivain. Mais celui qui l'a fait un des premiers, avec le plus de sagacité en angleterre, c'est j. osward, dans un écrit qui a eu plus d'une édition, & qui lui a valu les persécutions honorables du ministère. Il peut servir de complément à cet ouvrage de payne, pour ce qui regarde ce sujet. Les éditeurs, qui publient en français celui-ci, se proposent de publier l'autre aussitôt après. Il est sous-presse, & il sera sans doute également bien reçu des amis de la liberté.

a déja commencé de végéter. Je raisonnerois assurément d'une manière bien absurde, ou plutôt je ne raisonnerois pas du tout, si je supposois que ce *bouton* seroit le *seul*, dans toute l'angleterre, qui auroit cette apparence ; car, au lieu de décider de cette manière, je devrois bien plutôt conclure que par-tout les arbres sont prêts à la revêtir, & que, quoique le sommeil des plantes continue plus long-temps pour les unes que pour les autres, quoique quelques-unes même pourroient ne fleurir qu'après deux ou trois ans ; tous les arbres cependant seront en feuilles au printemps, exceptés ceux qui sont *brisés*. De combien le printemps politique est encore éloigné du printemps physique ; aucun œil humain ne le peut prévoir. Mais offrant aux nations mes vœux bien sincères pour leur liberté & leur bonheur, je termine ici les réflexions que je leur laisse à méditer.

APPENDIX.

La publication de cet ouvrage a été différée plus qu'elle auroit dû l'être. Il ne sera pas inutile d'en dire ici les causes. Elles sont un exemple des intrigues ministérielles & aristocratiques. On ne sauroit trop les démasquer.

Le lecteur aura pu observer que quelques parties de cet ouvrage qui ont rapport à la réduction des impôts, & quelques parties du discours par lequel m. pitt a ouvert la session actuelle du parlement d'angleterre, sont si parfaitement les mêmes, quelles doivent faire croire que l'auteur les a prises de m. pitt, ou que m. pitt les a eues de l'auteur. Voici une chaîne de circonstances & de faits, qui décident parfaitement la question.

La première mention de la nécessité de diminuer les taxes en angleterre, comme une conséquence de la révolution de france, se trouve dans une adresse & déclaration des citoyens réunis le 20 août dernier. Entre autres choses remarquables, on y lit, comme une question faite aux partisans du gouvernement, qui se déclarent contre la révolution de france : « *Sont-ils fâchés de voir finir les pré-* » *textes de mettre de nouvelles taxes oppressives, &* » *même les motifs de continuer beaucoup de celles qui* » *existent ?* Cette adresse, signée de m. hornetooke, comme président de l'assemblée, lui a été attibuée; mais la vérité est, que j'en suis seul l'auteur. Frappé de la belle occasion qu'il y avoit pour le peuple anglais de tirer avantage de la révolution de france, je jettai sur le papier cette production

& la montrai à quelques personnes qui, aussitôt, voulurent se réunir pour l'appuyer, & formèrent une souscription de cinquante guinées pour les frais. Je pense qu'il est aujourd'hui un plus grand nombre de citoyens en angleterre, qu'il n'en fût jamais, conduits par des principes désintéressés, résolus d'examiner eux-mêmes la nature & les actes du gouvernement, & décidés à ne plus se confier aveuglément, comme on l'a fait jusques à ce jour au parlement, & à l'opposition parlementaire. Car, on doit voir par-tout, aujourd'hui, que si le peuple eût agi ainsi, il y a cent ans, l'impôt & la corruption ne se seroient point élevés à la hauteur où ils sont montés.

Mais l'adresse dont il est question ne dût pas plaire aux hommes de la cour. Aussi a-t-on su que ceux qui fréquentent la même taverne où l'assemblée qui l'a votée s'est tenue, en ont été si mécontens, qu'ils ont agi de manière à empêcher qu'une seconde assemblée des mêmes citoyens, ne fût tenue dans le même lieu.

Ce que cette adresse n'a fait qu'indiquer, relativement aux impôts & aux principes du gouvernement, je l'ai développé dans cet ouvrage; mais, comme le discours de m. pitt contient, sur l'imposition, des choses qui sont à-peu-près les mêmes, je dois ajouter ce qui suit :

Cet ouvrage devoit paroître avant l'ouverture du parlement. J'avois remis à l'imprimeur la copie à temps. Il étoit avancé jusqu'aux trois quarts; quinze jours avant cette ouverture, quand tout-à-coup, sans que j'eusse eu lieu, par rien de précédent, de m'y attendre, je reçus de lui la fin de mon manuscrit; il me faisoit dire par un ouvrier, que pour rien au monde, il ne le continueroit.

Je ne pouvois expliquer une conduite aussi extraordinaire, qu'en me souvenant que le même imprimeur m'avoit offert mille liv. sterling si je voulois lui livrer mon manuscrit entier ; ce que j'avois refusé de faire, parce qu'il n'étoit pas dans mes principes, de mettre quelqu'un à même de supprimer & d'altérer mes idées, ou de les vendre, s'il vouloit, comme une chose de trafic, à un ministre ou à quelqu'autre personne.

Le refus de mon imprimeur de terminer l'ouvrage qu'il avoit commencé, ne pouvant pas l'acheter, me força d'en chercher un autre : & c'est-là la cause qui en a retardé la publication jusqu'après la rentrée du parlement. Sans cela elle l'eut certainement précédée ; & alors il auroit paru évident que m. pitt n'avoit pris qu'une partie d'un plan que j'avois pleinement développé.

Si m. pitt, ou quelqu'autre de sa part, a vu mon ouvrage ou une partie, c'est ce dont je ne suis pas assez certain pour l'assurer.

Mais on ne pourra s'empêcher de le soupçonner, si l'on fait attention à la manière dont l'imprimeur ma renvoyé mon manuscrit, au temps qu'il a choisi pour le faire & aux propositions qu'il m'avoit faites. Je sais ce que peuvent en penser les libraires, les éditeurs, & tous ceux qui sont au courant de ce genre d'affaires. Pour moi, je préfère, néanmoins, de ne point en dire mon avis, parce qu'il est bien des manières, pour les hommes qui ont de l'intrigue & de l'argent, de se procurer la connoissance des feuilles d'un ouvrage, avant qu'il paroisse.

Je sais, par exemple, qu'un libraire ministériel, qui demeure dans *picadilly*, & qui a été employé par un commis des conseils du commerce & colonies, dont hawksbury est président. Je sais que ce libraire étoit employé par ce commis, pour publier ce qu'il appelle ma vie ; je souhaite que la sienne & celle de ses pareils soit aussi pure ; je sais que ce libraire se sert de la même imprimerie à laquelle je m'étois adressé. Je sais qu'il est venu y offrir cet ouvrage, dix jours environ avant qu'on me renvoyât le mien, & que le sien a été accepté. Je sais qu'il a ainsi dû avoir accès dans l'imprimerie où il a pu par conséquent voir les feuilles de mon ouvrage ; & comme les imprimeurs & les libraires ne se cachent rien, on a pu lui en montrer la suite.

Au reste, quoiqu'il en soit, le plan de m. pitt, tout écourté qu'il est, eût fait une assez sotte figure, si mon ouvrage eût paru quand il le devoit, si mon imprimeur ne m'eût manqué de parole.

J'ai dit au public ce qui s'est passé depuis l'offre, qui m'a été faite de payer chèrement mon manuscrit, jusqu'au refus qui est ensuite venu de la part de la même personne de l'imprimer. On conviendra que si tous ces messieurs que j'ai désignés sont innocens, il est bien extraordinaire que des circonstances si propres à inspirer de la méfiance, se soient ainsi rapprochées d'elles-mêmes sans aucun dessein.

Après cela je n'ai plus qu'à rapporter encore une autre circonstance.

Quinze jours environ, ou trois semaines avant la rentrée du parlement, on a fait une petite augmentation à la paye du soldat environ de 12 schellings & six pences par an ; ou plutôt, on a diminué sa paye de cela de moins. Quelques personnes qui savoient en partie que cet ouvrage renfermeroit un plan de réforme relativement à l'oppression qu'éprouve le soldat, vouloient que j'ajoutasse une note à l'ouvrage ou je préviendrois que ces feuilles de mon ouvrage étoient à l'imprimerie quelques semaines avant que l'on pensât à cette diminution. Je ne voulus pas les faire d'abord, crainte qu'on ne l'attribuât à quelque mouvement de vanité, ou que l'on ne crût que je voulois faire soupçonner que le gouvernement avoit eu connoissance de ce que cet ouvrage devoit renfermer. Mais si une interruption inexplicable de la part de l'imprimeur, ne l'avoit pas empêché de paroître à l'époque où le public devoit l'avoir, jamais je n'aurois pensé à rien dire de ce que renferme cet appendix.

THOMAS PAYNE.

LE
SENS COMMUN,

OUVRAGE

ADRESSÉ AUX AMÉRICAINS,

Et dans lequel on traite de l'origine & de l'objet du Gouvernement, de la Constitution Anglaise, de la Monarchie héréditaire, & de la situation de l'Amérique Septentrionale.

Traduit de l'Anglais de Th. PAYNE, Auteur des *droits de l'homme* & d'une *lettre à G. Th. RAYNAL.*

Publié à Philadelphia
Janvier 1. 1774

Thomas Paine

On trouve chez R. VATAR, fils, imprimeur, rue de l'Hermine, n°. 792.

Correspondance de Rennes à l'Assemblée Nationale, & Journal des cinq Départemens de la ci-devant Bretagne; ouvrage contenant les travaux de l'Assemblée-Constituante, depuis le 30 Mai 1789, jusqu'au 30 Septembre 1791; & de plus, les faits principaux, les Anecdotes remarquables, les nominations importantes qui ont eu lieu dans cette intéressante partie de l'Empire Français; 12 vol. avec tables, demi-rel. propre, 60 l.
La suite de ce Journal, jusqu'à ce jour, 3 liv. par mois.
On continue cet intéressant ouvrage, & l'on reçoit des abonnemens au commencement de chaque mois, à raison de 45 s. pour la Ville, & 3 l. franc par la poste.
Recueil complet des Loix de l'Assemblée-Constituante, acceptées ou sanctionnées, & promulguées, avec tables alphabétiques, 9 vol. 8°. brochés (le neuvième sous presse.) 48 l.
Code de la Justice de Paix, 2 vol. 8°. brochés, 5 8
Code du Tribunal de Famille, 1 vol. 8°. broché, 1 16
Code de Police, contenant d'une part, le texte pur & correct des nouvelles Loix sur la Police Municipale, correctionnelle, rurale, criminelle ou de sûreté; & de l'autre, une instruction pratique sur l'exécution de ces Loix, avec des modèles de tous les actes y relatifs, 1 vol. 8°. broché, 2 8
Cet ouvrage est indispensable à tous les Officiers Municipaux, Juges de Paix, Assesseurs & hommes de Loi du Royaume.
Code Criminel, contenant la Loi sur la Police de Sûreté, le Code Pénal, & la Loi en forme d'instruction sur la Procédure Criminelle, 1 vol. 8°. broché, 2 5
Ouvrage indispensable à tous les Juges, Jurés & Citoyens actifs du Royaume.
Code de la Gendarmerie Nationale, contenant l'ensemble des divers Décrets relatifs à l'organisation, aux fonctions & à la discipline de la Gendarmerie Nationale, & autres qu'il importe aux Membres de ce corps de connoître particulièrement; avec une Instruction-pratique sur l'exécution de ces Décrets, contenant la formule de tous les actes qui peuvent être à rédiger en conséquence: nouvelle édition, augmentée de toutes les Loix rendues sur cette partie, jusqu'à ce jour, 1 vol. 8°.
Manuel des Jurés, ou Code complet des Loix concernant les Jurés, classées dans un ordre méthodique, & accompagnées d'instructions propres à en faire connoître l'esprit, à en faciliter l'intelligence & l'exécution, 1 vol. 8°. 1 liv.
Liste des députés à la convention nationale, par ordre alphabétique de leur département & par ordre de leurs noms, avec l'indication exacte de leur domicile à paris; suivie de la liste de ceux qui composoient les 21 comités de l'assemblée, des suppléans, leurs départemens & demeures, in-18.

INTRODUCTION.

LES opinions que renferme cet écrit ne sont peut-être pas encore assez à la mode pour être généralement accueillies ; lorsqu'on est accoutumé depuis long-temps à ne pas regarder une chose comme injuste, elle acquiert une apparence superficielle de vérité, & de tous côtés s'élève un cri en faveur de l'habitude ; mais bientôt ce tumulte cesse. Le temps fait plus de prosélytes que la raison.

Comme, en général un long & violent abus de l'autorité conduit à en examiner les bases, (& cela par rapport à des objets auxquels on n'eût jamais pensé si une inquisition sévère n'eût multiplié ses victimes,) comme le roi d'angleterre a entrepris, sur la foi de sa prérogative, de soutenir le parlement dans ce qu'il appelle ses droits, & comme la nation trop indulgente est cruellement opprimée par cette coalition, elle est indubitablement fondée à scruter les prétentions de l'un & de l'autre, & à rejetter également la tyrannie de tous les deux.

L'auteur de cet ouvrage a soigneusement évité toute personnalité. On n'y trouvera ni censures ni complimens individuels. Les sages, les gens de mérite, n'ont pas besoin des honneurs d'un pamphlet, & ceux dont les sentimens sont absurdes ou contraires aux intérêts de la patrie, s'arrêteront d'eux-mêmes, à moins que l'on ne se donne trop de peine pour les convertir.

La cause de l'amérique, est à beaucoup d'égards, celle du genre humain. Son histoire offre & offrira plusieurs circonstances qui ne sont pas locales, mais universelles, qui parlent au cœur de tous les amis des hommes, & dont l'issue intéresse leurs affections. Pour peu que l'on ait de sensibilité, on ne peut voir avec indifférence des barbares porter le fer & la flamme dans un pays, déclarer la guerre à tous les privilèges de l'humanité, & faire disparoître ses défenseurs de la surface de la terre; voilà à quelle classe honorable je me fais gloire d'appartenir, sans m'embarrasser de la désapprobation de tel ou tel parti.

On a différé de mettre au jour cette nouvelle édition, pour se ménager la facilité de connoître les moyens de ceux qui auroient entrepris de réfuter la doctrine de l'indépendance, s'il y avoit lieu; comme il n'a point encore paru de réponse au *sens-commun*, l'on présume qu'il n'en paroîtra point, le temps nécessaire pour le combattre étant passé, & au-delà.

Philadelphie, le 14 février 1776.

LE SENS COMMUN.

De l'origine & de l'objet du Gouvernement, considéré en général. — Remarques sur la Constitution Anglaise.

Quelques écrivains ont tellement confondu le gouvernement avec la société, qu'ils n'ont laissé entre ces deux objets qu'une nuance très-foible, ou tout-à-fait nulle, tandis qu'ils diffèrent beaucoup, non-seulement par leur nature, mais encore par leur origine. La société est le résultat de nos besoins; le gouvernement est celui de notre perversité. La première effectue notre bonheur d'une manière positive, en réunissant nos affections; le second y contribue négativement, parce qu'il réprime nos vices. L'une encourage les communications mutuelles; l'autre établit des distinctions. La première protège; le second punit.

L'état social est un bien dans toutes les hypothèses. Le gouvernement, dans sa perfection même, n'est qu'un mal nécessaire; dans son imperfection, c'est un mal insupportable; car, lorsque, sous un gouvernement quelconque, nous souffrons, ou nous sommes exposés à souffrir les mêmes calamités, que nous aurions lieu d'attendre dans un pays où il n'y a point de gouvernement, nous sentons notre misère s'accroître, en songeant que nous-mêmes fournissons les moyens dont on se sert contre nous. Le gouvernement, comme la parure, indique la perte de l'innocence; les palais des rois sont bâtis sur les ruines du jardin des délices. En effet, si les mouvemens de la conscience étoient clairs & uniformes, s'il étoit impossible de leur résister, tout autre législateur seroit inutile. Les choses n'étant point ainsi, l'homme sent qu'il est nécessaire de céder une partie de sa propriété pour s'assurer la jouissance du reste; & cette résolution est le fruit de la même prudence qui, de deux maux, l'engage à choisir le moindre. Ainsi, la sûreté étant le véritable objet du gouvernement, il s'ensuit nécessairement que le mode de gouvernement, préférable à tout autre, est celui qui nous la garantit avec le moins de frais & le plus d'avantage.

Pour avoir une idée juste & lumineuse de l'objet du gouvernement, supposons un petit nombre d'hommes établis dans un coin isolé de la terre, sans aucune relation avec le reste de leurs semblables, nous aurons l'image précise de la situation primitive des peuples. Dans cet état de liberté naturelle, les premières pensées se tourneront vers la société; mille motifs leur feront prendre cette direction. La force de l'homme est si peu proportionnée à ses besoins, la nature l'a si peu fait pour une solitude continuelle, qu'il est bientôt forcé d'avoir recours à l'appui d'un autre qui, à son tour, implore le sien. Quatre ou cinq individus réunis pourront élever dans un désert une habitation supportable, tandis que, seul, un homme travailleroit toute sa vie sans rien finir. Il a coupé le bois dont il a besoin, mais il ne peut le changer de place; s'il est venu à bout de le transporter, il ne peut le faire tenir debout; & pendant qu'il est ainsi occupé, la faim le tourmente, une multitude de besoins différens l'appellent chacun de leur côté. La maladie, même un léger revers sont pour lui des accidens mortels. Car l'un ou l'autre, dussent-ils ne pas le conduire au tombeau, le mettroient hors d'état de trouver sa subsistance, & le réduiroient à une situation, où l'on pourroit dire de lui qu'il s'éteint plutôt qu'il ne meurt.

Ainsi la nécessité, irrésistible comme la loi de la gravitation, formeroit bientôt en société notre peuplade; & les douceurs mutuelles de cet état compenseroient avec usure les obligations des loix & du gouvernement, tant que la justice présideroit à l'accord de ses membres. Mais comme, excepté le ciel, rien n'est à l'abri des atteintes du vice, par une indispensable fatalité, ils se relâcheroient de leur attachement primitif, à mesure qu'ils surmonteroient les premières difficultés du changement de séjour, difficultés qui les auroient unis dans l'origine. De-là le besoin urgent d'établir une forme de gouvernement qui supplée au défaut des vertus morales.

Un arbre touffu leur présente un emplacement convenable pour une salle publique; & sous ses branches toute la colonie s'assemble afin de délibérer sur les affaires générales. Il est plus que probable que ses premières loix n'auront d'autre titre que celui de réglemens, & que la mésestime générale sera l'unique châtiment de quiconque osera les enfreindre. Chacun aura naturellement droit de séance dans ce premier parlement.

Mais la colonie s'accroit, les affaires croissent en proportion; les membres de l'état sont plus disséminés, & l'éloignement de plusieurs ne leur permet pas de se réunir à tout propos comme au temps où leur nombre étoit peu considérable, où leurs habitations se touchoient, où les affaires n'étoient ni importantes ni multipliées. On s'apperçoit qu'il est avantageux de laisser le pouvoir législatif entre les mains d'un certain nombre de représentans choisis dans le sein de la communauté; on leur suppose les mêmes intérêts qu'à leurs commettans; & l'on se flatte qu'ils agiront comme ceux-ci pourroient agir s'ils étoient tous présens. Cependant la colonie continue de s'acccroître; il devient nécessaire d'augmenter le nombre des représentans, &, pour qu'ils fassent une égale attention aux intérêts de chaque portion de la colonie, on juge à propos de la partager en un certain nombre de divisions, dont chacune envoie à l'assemblée générale un nombre de représentans proportionné à son étendue. De peur que ceux-ci ne séparent leurs intérêts de ceux qui les choisissent, la prudence fait sentir la nécessité des élections fréquentes, parce que les personnes élues, retournant, dans un court espace, se confondre avec la masse des électeurs, ceux-ci ont pour garant de leur fidélité au vœu général, la crainte où ils seront de donner des armes contre eux-mêmes; &, comme ces changemens réitérés établiront un même intérêt dans chaque partie de la communauté, il en résultera qu'elles se prêteront sans effort un secours mutuel, résultat fondamental, d'où dépend la force du gouvernement & le bonheur de ceux qui sont gouvernés, ce qu'on attendroit en vain du titre insignifiant de roi.

Voilà donc l'origine & les progrès du gouvernement. C'est un supplément nécessaire à l'insuffisance de la morale. Voilà aussi son but; savoir, la liberté & la sûreté. Et, de quelque splendeur que nos yeux soient éblouis, de quelques mots sonores que nos oreilles soient chatouillés; quelque préjugé qui égare nos desirs, quelqu'intérêt qui obscurcisse notre jugement, la simple voix de la nature & de la raison proclamera la justice de ces apperçus.

L'idée que je me fais du gouvernement est puisée dans un principe que la nature a consacré, & contre lequel échoue l'art des sophistes. C'est que plus une chose est simple, moins elle est sujette à se désorganiser, plus elle se répare aisément lorsqu'elle qu'elle en a besoin. Les yeux fixés sur cet axiome, je vais hasarder quelques remarques sur la constitution si vantée de la grande-bretagne. J'avoue que c'étoit une noble entreprise pour les siècles de ténèbres & d'esclavage où elle fut formée. Quand l'univers étoit courbé sous le joug de la tyrannie, il y avoit une audace généreuse à diminuer quelque peu son autorité. Mais il est aisé de démontrer que cette constitution est imparfaite, exposée à des convulsions terribles, & incapable de tenir ce qu'elle semble promettre.

Les gouvernemens absolus, quoiqu'ils soient l'opprobre de la nature humaine, ont au moins l'avantage de la simplicité. Si le peuple souffre, il sait d'où vient son infortune; il en connoît aussi le remède, & n'a point devant lui, pour s'égarer, un dédale effrayant de causes toujours actives, & d'améliorations toujours illusoires. Mais la constitution anglaise est si excessivement compliquée, que la nation peut souffrir pendant une longue suite d'années, sans être à portée de découvrir où gît le mal. Ceux-ci prétendent le voir dans telle partie de la constitution, ceux-là dans telle autre; & autant il se rencontre de médecins politiques, autant de divers antidotes nous sont présentés.

Je sais qu'il est difficile de vaincre des préjugés locaux ou enracinés depuis long-temps. Si toutefois nous osons nous permettre d'examiner la constitution anglaise dans ses parties intégrantes, nous n'y verrons que les méprisables restes de deux tyrannies anciennes, récemment combinés avec quelques matériaux de républicanisme.

Elle offre, en premier lieu, les restes de la tyrannie monarchique dans la personne du roi.

Secondement, les restes de la tyrannie aristocratique dans la personne des pairs.

Troisièmement, les matériaux modernes du républicanisme dans les membres des communes, sur la vertu desquels repose la liberté de l'angleterre.

De ces trois pouvoirs, les deux premiers, à titre d'héréditaires, sont indépendans du peuple. Ainsi, dans le sens constitutionnel, ils ne contribuent en rien à la liberté de l'état.

Dire que la constitution anglaise est l'union de trois pouvoirs qui se font réciproquement obstacle, est dire une absurdité. Ou ce propos est insignifiant, ou il ne présente que des idées contradictoires.

En disant que les communes répriment l'autorité royale, on présuppose d'abord qu'il ne faut rien confier au roi, sans avoir l'œil sur ses actions, ou, en d'autres termes, que le desir du pouvoir absolu est un mal nécessairement attaché à la monarchie ; 2°. que les communes étant chargées de ce soin, sont ou plus sages, ou plus dignes de confiance que le premier magistrat.

Mais comme la même constitution qui donne aux communes le pouvoir de réprimer l'autorité royale en lui refusant les subsides, donne au roi le pouvoir d'arrêter l'action des communes, en lui donnant celui de rejeter leurs autres bills, elle suppose en même-temps que le roi est plus sage que ceux qu'elle a supposés plus sages que lui : or, n'est-ce pas là une véritable absurdité ?

Il y a quelque chose de singulièrement ridicule dans la composition de la monarchie ; elle commence par ôter à un homme les moyens de s'instruire, & cependant elle l'autorise à agir dans des circonstances où il faut toute la maturité du jugement. L'état d'un roi, le séquestre du monde, & cependant les fonctions d'un roi exigent qu'il le connoisse à fond ; d'où je conclus que les diverses parties de ce tout mal ordonné ne cessant de se contrarier & de s'entre détruire, prouvent qu'il est aussi extravagant qu'inutile.

Des auteurs ont ainsi développé la constitution anglaise. Le roi, disent-ils, est un pouvoir, le peuple en est un autre : la chambre des pairs est établie pour venir au secours du roi ; les communes pour venir au secours du peuple. Mais cette définition présente tous les disparates d'une assemblée où règne la discorde ; les expressions ont beau séduire par leur arrangement, à l'examen elles paroissent oiseuses & ambigues. Dans quelque matière que ce puisse être, les mots arrangés avec toute l'exactitude dont leur construction est susceptible, si on les applique à la description d'une chose impossible, ou trop difficile à saisir pour se prêter à la définition, seront purement des mots sans idée, & quoiqu'ils amusent l'oreille, ils n'apprendront rien à l'esprit. Ici la prétendue explication que je viens de rapporter embrasse, sans le résoudre, un premier problême. D'où le monarque tient-il une autorité à laquelle le peuple n'ose avoir confiance, & qu'il est toujours obligé de réprimer ? Un peuple sage n'a pu faire un pareil don, & tout pouvoir qui a besoin d'être réprimé, ne sauroit venir de dieu. Cependant les mesures préservatives qui entrent dans la constitution, supposent l'existence d'un pouvoir de ce genre.

Mais ces préservatifs sont trop foibles pour leur destination ; les moyens sont hors d'état de répondre à la fin proposée, & tout cet échafaudage tombe de lui-même. Comme un poids plus fort entraîne toujours un moindre poids, & comme toutes les roues d'une machine sont mises en mouvement par une seule, tout ce qu'il reste à savoir, c'est quel est dans la constitution le pouvoir qui a le plus d'influence, car c'est lui qui gouvernera, & quoique les autres ou quelques-unes de leurs parties embarrassent, ou, comme on dit, répriment la rapidité de son mouvement, aussi long-temps qu'ils ne peuvent l'arrêter, leurs efforts sont infructueux : le ressort principal aura enfin le dessus, & le temps le dédommagera de ce qu'il aura perdu quant à la célérité.

Il n'est pas besoin d'énoncer que la couronne est, dans la constitution anglaise, ce pouvoir prédominant ; un autre fait qui saute aux yeux, c'est que tout son ascendant lui vient de la distribution des pensions & des places. Ainsi, quoique nous ayions eu la prudence de fermer une porte à la monarchie absolue, nous avons eu en même-temps la simplicité d'en donner la clef au pouvoir exécutif.

L'orgueil national a autant ou même plus de part que la raison au préjugé des anglais en faveur de leur gouvernement, composé de rois, de lords & de communes. Véritablement la sûreté individuelle existe en angleterre plus que dans quelques autres pays ; mais la volonté royale y forme la loi tout comme en france. (1) La seule différence, c'est qu'au lieu de sortir directement de sa bouche, elle est transmise au peuple sous la forme plus imposante d'un acte du parlement. Le sort de charles premier a rendu les rois plus rusés, mais il ne les a pas rendus plus justes.

Laissant donc de côté tout orgueil national & tout préjugé en faveur des modes & des formes, il est de vérité constante que, si la couronne n'est pas oppressive comme en turquie, nous sommes redevables de cet avantage à la constitution du peuple, & non à celle du gouvernement.

A l'époque où nous sommes, il est infiniment nécessaire de rechercher les erreurs constitution-

_____

(1) M. payne écrivoit ceci long-temps avant notre glorieuse révolution. *Note du trad.*

…uelles du mode de gouvernement adopté par l'angleterre. En effet, de même que nous ne sommes jamais dans une position convenable pour rendre justice à autrui, tandis qu'une partialité dominante influe sur notre jugement, nous ne saurions nous la rendre à nous-mêmes, tant qu'un préjugé opiniâtre nous tient enchaînés ; & comme l'amant d'une prostituée n'est pas capable de choisir ou de juger une honnête femme, ainsi toute prevention en faveur d'une constitution vicieuse nous ôte la faculté d'en distinguer une bonne.

De la monarchie & de l'hérédité de la couronne.

Les hommes étant originairement égaux dans l'ordre de la création, cette égalité n'a pu être détruite que par des circonstances subséquentes. On peut, à beaucoup d'égards, mettre de ce nombre la distinction que durent établir les richesses & la pauvreté, & cela sans avoir recours aux termes durs & mal sonnans d'oppression & d'avarice. L'oppression est souvent la conséquence des richesses ; elle n'en est jamais ou presque jamais la source ; &, quoique l'avarice empêche un homme de tomber dans l'excès de l'indigence, elle lui inspire en général trop de timidité pour qu'il devienne opulent.

Mais il existe une autre distinction d'un ordre bien plus relevé, à laquelle on ne sauroit assigner de raison ni vraiment tirée de la nature, ni déduite de la religion, c'est la distinction des hommes en rois & en sujets. Les sexes sont la distinction établie par la nature ; le ciel nous différentie par nos penchans bons ou mauvais ; mais comment une race d'hommes est-elle venue dans le monde avec une supériorité si éminente sur le reste de ses semblables, & pour former une espèce nouvelle? Ce problême est digne de notre attention; il ne l'est pas moins d'examiner si ces êtres privilégiés contribuent à l'infortune ou à la félicité du genre humain.

Dans les premiers âges du monde, suivant la chronologie de l'écriture, il n'y avoit point de rois. Il s'ensuivoit naturellement qu'il n'y avoit point de guerres. C'est l'orgueil des rois qui sème ici bas la discorde. La hollande, exempte de rois, a joui de plus de tranquillité dans ce siècle, qu'aucun des gouvernemens monarchiques de l'europe. (1) L'histoire de l'antiquité dépose en faveur de cette observation; car la vie tranquille & champêtre des premiers patriarches offre une image de bonheur, qui s'évanouit lorsque nous passons aux annales des rois juifs.

Les payens furent les premiers qui introduisirent dans le monde le gouvernement monarchique, & les enfans d'Israël le copièrent en ceci. Ce fut l'imagination la plus heureuse que l'ennemi du genre humain pût concevoir pour seconder les progrès de l'idolâtrie. Les payens rendoient les honneurs divins à leurs rois expirés, & l'univers chrétien a renchéri sur cette belle idée, en faisant la même chose pour ses rois vivans. Quelle impiété révoltante que d'appliquer le titre de sacrée majesté à un vermisseau qui rampe dans la poussière au milieu de sa splendeur.

Comme il est impossible de justifier, d'après le droit naturel, dont l'égalité est la base, l'élévation d'un homme si fort au-dessus des autres

---

(1) Cette tranquillité a été troublée depuis peu; mais cela même confirme l'idée de m. payne. Les troubles intérieurs de la hollande sont venus par la faute des rois, & de ce qu'on avoit entrepris de lui en donner un. *Note du trad.*

hommes, il ne l'est pas moins de la défendre par l'autorité de l'écriture. Car la volonté du tout-puissant, déclarée par l'organe du prophète samuel & de gédéon, est expressément contraire au gouvernement des rois. Tous les passages anti-monarchiques de la bible ont été commentés avec adresse dans les monarchies, mais incontestablement ils méritent de fixer l'attention des pays dont le gouvernement n'est pas encore formé. Rend à césar ce qui est à césar, est la doctrine adoptée par les cours; cependant elle ne prête aucun appui au gouvernement monarchique; car, au tems où ces paroles furent prononcées, les juifs n'avoient point de roi; ils étoient en quelque sorte vassaux des romains.

Depuis la date de la création, suivant moyse, près de trois mille ans s'écoulèrent avant que toute la nation des juifs, égarée par un même vertige, demandât un roi. Jusqu'alors la forme de son gouvernement, excepté dans les cas extraordinaires où le tout-puissant se montroit, avoit été une espèce de république administrée par un juge & les vieillards des tribus. Elle n'avoit point de rois, & c'étoit pécher que de donner ce titre à qui que ce fût, hormis au dieu des armées. Et lorsqu'on réfléchit sérieusement à l'hommage idolâtre qu'on rend à la personne des rois, on n'est pas surpris que le tout-puissant, toujours jaloux de sa gloire, désapprouvât un mode de gouvernement qui usurpe avec tant d'impiété la prérogative du ciel.

La monarchie est rangée dans l'écriture parmi les péchés des juifs, pour lesquels un grand châtiment leur est réservé. L'histoire de cet égarement mérite une attention sérieuse.

Les enfans d'israël étant opprimés par les madianites, gédéon marcha contre ces ennemis, à la tête d'une petite armée, & graces à la céleste entremise, la victoire se déclara en sa faveur. Les juifs enflés de leur succès, & l'attribuant aux mérites de gédéon, lui proposèrent de le choisir pour roi, en lui disant : « Gouverne-nous, toi & ton fils, & les fils de ton fils. » Jamais tentation ne fut plus attrayante. Il ne s'agissoit pas seulement d'un royaume, mais d'un royaume héréditaire. Mais le pieux gédéon répondit : « Je ne vous gouvernerai point, mon fils ne vous gouvernera point non plus, dieu seul vous gouvernera. » C'étoit parler d'une manière assez précise. Gédéon ne refuse pas l'honneur qu'on lui offre ; il se contente de nier le droit qu'avoient ses compatriotes de le lui offrir. Il ne cherche pas non plus à les flatter par des remerciemens affectés; prenant le langage positif d'un prophète, il les accuse d'ingratitude envers leur vrai souverain, le roi du ciel.

Environ cent trente ans après, ils tombèrent encore dans la même faute. Il est singulièrement difficile d'expliquer le penchant qu'ils avoient pour les coutumes des idolâtres ; quoi qu'il en soit, profitant de la mauvaise conduite des deux fils de samuel, qui étoient chargés de quelques soins temporels, ils allèrent, sans préparation & en poussant des cris, trouver ce prophète, & lui dire : « Regarde, te voilà vieux, & tes fils ne suivent point ton exemple. Donne-nous un roi pour nous juger, comme en ont les autres peuples. » (Ici je ne peux m'empêcher d'observer que leurs motifs étoient repréhensibles ; ils vouloient être comme les autres nations ; c'est-à-dire, comme les payens, tandis que leur véritable gloire consistoit à leur ressembler le moins qu'il étoit possible.) Mais samuel fut choqué de les entendre dire : « Donne nous un roi pour nous juger. » Il pria le seigneur, & le seigneur lui dit : « Écoute la voix du peuple dans tout ce qu'il t'adresse ; car il ne t'a pas rejeté, il

n'a

n'a rejeté que moi en ne voulant pas que je règne sur lui. Conformément à tout ce qu'ils ont fait depuis que je les ai tirés de l'égypte, jusqu'à ce jour, de même qu'ils m'ont abandonné, & qu'ils ont servi d'autres dieux, ainsi font-ils à ton égard. C'est pourquoi écoute-les, proteste solemnellement contre leur résolution, & montre-leur la manière d'agir du roi qui les gouvernera, (c'est-à-dire, non de tel ou tel roi, mais en général de tous les rois des pays qu'israël étoit si emppressé de copier. Et, nonobstant la différence énorme des temps & & des usages, la peinture qu'en fit samuel est encore ressemblante.) Samuel rapporta les paroles du seigneur au peuple qui lui demandoit un roi, & il lui dit : « Telle sera la manière d'agir du roi qui vous gouvernera; il prendra vos fils, & les attachera à son service personnel, à la conduite de ses chars; il en fera ses cavaliers, & quelques-uns d'entre eux courront devant lui. (Tableau tout-à-fait analogue à la méthode actuelle de la presse.) Il les nommera capitaines de mille & de cinquante hommes; il leur fera cultiver ses terres, cueillir sa moisson, fabriquer ses machines de guerre, & ce qui entre dans la composition de ses chars, & il prendra vos filles pour apprêter ses desserts, sa cuisine, & son pain. (Ce passage montre le luxe & la varité des rois aussi bien que leur tyrannie) & il s'emparera de vos plus beaux vergers & de vos meilleurs plants d'oliviers, pour les donner à ses serviteurs, & il prendra la dîme de vos semences & de vos vignes, & les donnera à ses officiers & à ses serviteurs (ceci nous montre qu'une prodigalité intéressée, la corruption & le goût pour les favoris sont les vices permanens des rois) & il prendra le dixième de vos serviteurs & de vos servantes, & vos jeunes gens les plus utiles & vos ânes pour faire son ouvrage, & il prendra la dîme de

Z

votre bétail, & vous serez ses valets ; & alors vous gémirez à l'occasion du roi que vous aurez choisi, & le seigneur fermera l'oreille à vos gémissemens. »

Ces dernières paroles on trait à la continuation de la monarchie, & le peu de bons rois qui sont venus depuis n'ont ni sanctifié ce titre, ni effacé leur péché original. Les grands éloges donnés à david ne lui sont point officiellement donnés comme à un roi, mais seulement, comme à un homme selon le cœur de dieu. Néanmoins le peuple refusa d'obéir à la voix de samuel, & il lui dit : « Nous voulons avoir un roi, pour ressembler à toutes les nations, pour que notre roi nous juge, marche à notre tête, & combatte avec nous ! » Samuel continua de les raisonner, mais ce fut inutilement. Il leur représenta leur ingratitude ; tout ce qu'il put leur dire ne servit de rien ; & les voyant donner tête baissée dans leur égarement, il s'écria : « J'irai trouver le seigneur, & il enverra le tonnerre & la pluie, (ces fléaux étoient une punition à cette époque ; on étoit au moment de la récolte du froment) pour que vous voyiez l'énormité du crime, que vous avez commis à la face du seigneur, en vous choisissant un roi. Samuel appella en effet le seigneur, & le seigneur envoya du tonnerre & de la pluie ; & tout le peuple trembla devant le seigneur & devant samuel, & tout le peuple dit à samuel : « Prie pour tes serviteurs le seigneur ton dieu, qu'il ne nous fasse pas mourir, car nous avons ajouté à nos péchés celui de demander un roi ». Ces textes de la bible sont directs & précis ; ils ne sont susceptibles d'aucune interprétation équivoque, où l'écriture n'est qu'un tissu de faussetés : or, il est certain que le tout-puissant a dans ces passages formellement protesté contre le gouvernement monarchique ; & l'on a grande raison de croire que l'adresse des rois a autant contribué que celle des prêtres à dérober au public, dans les pays soumis au papisme, la connoissance de l'écriture sainte; car dans toutes les circonstances, la monarchie est au gouvernement ce que le papisme est à la religion.

Ce n'étoit pas assez des maux de la monarchie; nous y avons ajouté ceux de l'hérédité des couronnes; & de même que la première est une dégradation de l'espèce humaine, la seconde, revendiquée à titre de droit, est une insulte & un mensonge faits à la postérité; car tous les hommes étant originairement égaux, aucun d'eux ne sauroit tenir de sa naissance le droit d'assurer à ses descendans une préférence éternelle sur tous leurs semblables; & supposé qu'un individu mérite de la part de ses contemporains quelques honneurs, renfermés dans les bornes de la décence, il peut se faire que ses descendans soient trop méprisables pour qu'ils leur soient transmis. L'une des plus fortes preuves que nous fournisse la nature, de l'absurdité du droit héréditaire de régner sur les hommes, c'est qu'elle le désapprouve; autrement elle ne s'en feroit pas si souvent un jeu, en donnant aux états *un âne* à la place *d'un lyon*.

Secondement, ainsi que personne ne pouvoit dans le principe posséder d'autres honneurs que ceux qui lui étoient décernés, leurs dispensateurs n'avoient aucun titre pour disposer du droit de la postérité; & quoiqu'il leur fût permis de dire : « Nous vous choisissons pour notre chef », ils ne pouvoient ajouter, sans se rendre coupables d'une injustice manifeste envers leurs descendans : » Vos enfans & vos petits-enfans régneront sur nous à jamais », parce qu'une transaction aussi extravagante, aussi injuste, aussi contraire à la nature, pouvoit, à la prochaine hérédité, les soumettre au gouvernement d'un scélérat, d'un sot.

Plusieurs sages, dans leurs opinions particulières, ont toujours traité avec mépris l'hérédité de la couronne. Cependant c'est un de ces maux qu'il n'est pas aisé de faire disparoître, lorsqu'il est une fois établi. Un grand nombre se soumet par crainte, d'autre par superstition, & les plus puissans partagent avec le roi le pillage du reste.

En parlant ainsi, je suppose à la race actuelle des maîtres du monde une origine honorable, tandis qu'il est plus que probable que, s'il nous étoit donné de lever le voile ténébreux de l'antiquité & de les examiner à leur source, nous trouverions que le premier d'entr'eux ne valoit gueres mieux que le principal brigand d'une troupe effrénée, dont les mœurs sauvages ou la prééminence en fait de subtilité lui obtinrent le titre de chef parmi les voleurs ses camarades, & qui, en étendant son pouvoir & ses déprédations, força les hommes tranquilles & sans défense à acheter leur sûreté par des contributions fréquentes. Cependant ceux qui l'avoient élu ne pouvoient avoir l'idée de déférer à ses descendans un droit héréditaire, parce que cette abnégation perpétuelle d'eux-mêmes étoit incompatible avec les principes de liberté & d'indépendance dont ils faisoient profession. Par conséquent, dans les premiers âges où il s'éleva des monarchies, l'hérédité de la couronne ne put avoir lieu comme un droit légitime, mais seulement comme l'effet du hasard ou de la reconnoissance; & comme les registres publics étoient alors extrêmement rares, où qu'il n'y en avoit point du tout, & que l'histoire ne subsistant que dans la tradition, étoit souillée de fables, rien ne fut plus aisé, après quelques générations, que d'imaginer un conte mêlé de superstition, accommodé aux circonstances, à l'exemple de mahomet; pour inculquer dans l'esprit du vulgaire la notion de ce prétendu droit. Peut-être les désordres apparens ou réels que l'on avoit à craindre lors de la mort d'un chef & pendant l'élection d'un nouveau, (car parmi des scélérats les éléctions ne pouvoient pas être fort paisibles) engagèrent d'abord plusieurs individus à favoriser les prétentions à l'herédité ; d'où il résulta, comme il est arrivé depuis, que l'on finit par revendiquer comme un droit ce qui n'avoit d'abord eu lieu que pour éviter un inconvénient.

L'angleterre, depuis la conquête, a eu quelques bons rois, en très-petit nombre, mais elle a gémi sous une multitude de rois pervers : encore, à moins d'avoir perdu le sens, n'oseroit-on pas avancer que leur droit sous guillaume-le-conquérant ait été d'un genre fort honorable. Compter pour premier ancêtre le bâtard d'un seigneur français qui débarque à la tête d'une troupe de bandits armés, & qui se constitue roi d'angleterre contre la volonté des anglais, c'est avoir une origine bien pitoyable & bien avilissante. A coup sûr la divinité ne jouoit point là de rôle. Quoi qu'il en soit, il est inutile de perdre le tems à démontrer la folie du droit héréditaire. S'il y a des gens assez foibles pour y croire, qu'ils adorent indistinctement les lions & les ânes, & grand bien leur fasse ! Je ne copierai jamais leur humilité, non plus que je ne troublerai leur dévotion.

Cependant je serois curieux de leur demander comment ils supposent que les rois furent établis dans l'origine. Cette question n'est susceptible que de trois réponses, savoir ; par le sort, par la voie de l'élection, ou par usurpation. Si le premier roi dut sa place à la faveur du sort, voilà pour le second une autorité qui exclut l'hérédité de la couronne. Saül fut tiré au sort, & pour cela le droit de succession n'eut pas lieu, & il ne paroît pas dans ce que nous lisons de cet événement, qu'on ait eu la moindre intention de l'établir. Si le premier roi de telle ou telle contrée fut élu, cela fit de même la planche pour son successeur; car avancer que la première élection anéantit le droit de toutes les générations subséquentes, c'est professer une doctrine qui n'a pour penchant, soit dans l'écriture, soit chez les auteurs profanes, que celle du péché originel, où l'on suppose le libre arbitre de tous les hommes détruits dans la personne d'adam. Or, cette comparaison, la seule admissible, n'est rien moins qu'honorable à la cause de l'hérédité. En effet, comme tous les enfans d'adam péchèrent en lui, & comme tous les humains votèrent dans la personne des premiers électeurs; comme, dans le premier cas, tous furent assujettis au démon, & dans le second tous furent assujétis à la souveraineté; comme adam sacrifia notre innocence, & les premiers électeurs l'autorité de chacun de nous, & comme ces deux hypothèses nous ôtent la faculté de recouvrer notre état & nos priviléges primitifs, il s'ensuit incontestablement que le péché originel & l'hérédité de la couronne sont absolument de niveau. Parité honteuse, connexion avilissante! & toutefois le sophiste le plus adroit ne sauroit imaginer une comparaison plus juste.

Quant à l'usurpation, il ne se trouvera personne assez hardi pour la défendre; or il est impossible de nier que guillaume-le-conquérant fût un usurpateur. Pour dire la vérité sans déguisement, l'antiquité de la monarchie anglaise ne soutient pas un examen approfondi.

Mais le danger de l'hérédité des trônes est pour le genre-humain d'une toute autre importance que l'absurdité de cette institution. Si elle nous garantissoit une race d'hommes bons & sages, elle auroit le sceau de l'autorité divine; mais puisqu'elle prostitue indifféremment le sceptre aux mains de la folie, de la scélératesse & de l'imbécillité, elle tient de la nature de l'oppression. Des hommes qui se regardent comme nés pour régner, & qui regardent les autres comme nés pour obéir, ne tardent pas à devenir insolens. Séparés du reste de leurs semblables, ils sucent de bonne heure le poison de l'importance, & le monde où ils vivent diffère si essentiellement du monde où nous vivons tous, qu'ils ont bien rarement l'occasion de connoître ses véritables intérêts, & qu'au moment où ils prennent à titre de succession les rènes du gouvernement, ils sont presque toujours les plus ignorans & les plus ineptes de ceux que renferment leurs états.

Un autre inconvénient de l'hérédité, c'est qu'elle expose le trône à être occupé par un mineur, quel que soit son âge, & que pendant toute cette minorité, un régent, à l'ombre du simulacre royal, a mille moyens de trahir le dépôt qui lui est confié, & qu'il en est sollicité par mille séductions. L'infortune des peuples est la même, lorsqu'un roi, usé par la mollesse & les infirmités, touche au dernier période de la foiblesse humaine. Dans ces deux cas, la nation est la proie de tout scélérat qui sait tirer parti des folies de l'enfance ou de la caducité.

Ce qu'on a jamais dit de plus plausible en faveur de l'hérédité de la couronne, c'est qu'elle préserve une nation des guerres civiles. Si cette proposition étoit juste, elle seroit digne de considération ; mais c'est la plus grande fausseté dont on ait jamais leurré le genre humain. D'un bout à l'autre, l'histoire d'angleterre la dément. Trente rois & deux mineurs ont régné sur cette terre de confusion depuis la conquête, & dans cet espace, en y comprenant la révolution, il n'y a pas eu moins de neuf guerres civiles, & dix-neuf rébellions. Ainsi au lieu de contribuer au maintien de la paix, l'hérédité en est l'ennemie, & détruit la base même sur laquelle elle semble reposer.

Les querelles des maisons d'york & de lancastre, pour la couronne, & pour le droit de succession, inondèrent la grande-bretagne de sang durant une longue suite d'années. Henri & édouard se livrèrent douze batailles meurtrières, sans compter les escarmouches & les sièges; deux fois henri fut prisonnier d'édouard, qui le fut ensuite de henri, &, tant le sort de la guerre est incertain, tant on doit peu compter sur l'humeur d'un peuple, quand les disputes de ses chefs n'ont pour objet que des intérêts qui leur sont personnels ! Henri fut conduit en triomphe du sein d'une prison dans un palais, & édouard obligé de quiter son palais pour fuir chez l'étranger. Cependant, comme les nations ne persistent guère dans les changemens soudains, henri, à son tour, fut renversé du trône, & l'on rappela édouard pour le remplacer ; le parlement se rangeant toujours du côté du plus fort.

Cette querelle commença sous le règne de henri VI, & n'étoit pas encore absolument terminée sous henri VII, dans la personne de qui les deux familles étoient confondues, c'est-à-dire, qu'elle se prolongea durant un espace de soixante-sept ans; savoir, depuis 1422 jusqu'en 1489.

En un mot, la monarchie & l'hérédité du trône ont couvert de sang & de cendres, non-seulement l'angleterre, mais encore le monde entier. C'est une forme de gouvernement contre laquelle la parole de dieu s'élève en témoignage, & le meurtre doit l'accompagner.

Si nous examinons les fonctions des rois, nous trouverons que dans certains pays elles sont nulles, & qu'après avoir consumé leur existence sans plaisir

sir pour eux mêmes, & sans avantage pour les nations qu'ils gouvernent, ils passent derrière le rideau, & laissent leurs successeurs imiter leur indolence. Dans les monarchies absolues, tout le poids des affaires civiles & militaires porte sur la personne du roi; les enfans d'israël, en demandant un roi, donnoient pour raison qu'il les jugeroit, qu'il marcheroit à leur tête, & qu'il combattroit leurs ennemis. Mais dans les pays où il n'est ni juge, ni général, on est embarassé de savoir quel est son emploi.

Plus un gouvernement approche de la forme républicaine, moins il offre d'occupation pour un roi. On ne laisse pas que d'être embarassé lorsqu'l sagit de trouver un nom pour le gouvernement de l'angleterre: sir william meridith l'appelle une république; mais dans son état actuel il est indigne de son nom, parce que le roi pouvant disposer de toutes les places a tellement, au moyen de son influence corruptrice, accaparé l'autorité toute entière, & détruit la vertu de la chambre des communes, seul partie républicaine de notre constitution, que le gouvernement d'angleterre est, à peu de chose près, aussi monarchique que celui de la france ou de l'espagne. Les hommes adoptent des noms sans les comprendre; car c'est de la partie républicaine de leur constitution que les anglais tirent vanité & non de sa partie monarchique: ils se glorifient du droit de choisir dans leur sein une chambre des communes; or, il est aisé de voir que l'on est esclave par-tout où la vertu républicaine cesse d'être en vigueur. Pourquoi la constitution de l'angleterre est-elle maladive, si ce n'est parce que la monarchie a empoisonné la république, parce que la couronne s'est emparée des communes?

Le roi d'angleterre n'a presque d'autre fonction, pour ainsi dire, que de faire la guerre & de dis-

A a

tribuer des places, ou à parler sans détour, qu'à nous appauvrir, & à faire de nous ce qu'il veut. Belle occupation, il faut l'avouer, pour qu'on alloue au personnage qui n'en a point d'autre, 800 mille livres sterling par an, & pour qu'on l'adore pardessus le marché! Un honnête homme est d'une toute autre importance dans la société & aux yeux de dieu, que tous les brigands couronnés qui ont jamais paru sur la terre.

Réflexions sur l'état actuel des affaires d'amérique.

Je ne donnerai dans les pages suivantes que de simples faits, des raisonnemens naturels & du bon sens, & je n'ai d'autres préliminaires à régler avec le lecteur, sinon qu'il se dépouille de tout préjugé & de toute prévention, & qu'il laisse sa raison & sa sensibilité juger par elles-mêmes, qu'il adopte, ou pour mieux dire, qu'il n'abjure point le vrai caractère de l'homme, & que ses idées s'étendent généreusement au-delà du siècle où nous vivons.

On a écrit des volumes sur la querelle de la grande-bretagne & de l'amérique. Des personnes de tout rang se sont embarquées dans cette dispute, excitées par divers motifs & par des vues différentes; mais tous leurs efforts ont été vains, & le tems de la controverse est passé. La guerre, cette ressource extrême, est chargée de décider ce grand procès: il a plu au monarque de jeter le gant de bataille, & l'amérique n'a pas craint de le relever.

M. pelham, dit-on, qui, malgré ses talens pour le ministère, n'étoit pas exempt de fautes, ayant été inculpé dans la chambre des communes, sur ce que ses mesures n'étoient jamais que pour un tems, répondit qu'elles dureroient autant qu'il seroit en place. Si, dans l'affaire des colonies, leurs démarches étoient dirigées par un sentiment aussi funeste & aussi inhumain, les générations futures ne se rappelleroient qu'avec horreur les noms de leurs ancêtres.

Jamais le soleil n'éclaira une cause plus importante. Ce n'est pas l'affaire d'une ville, d'un comté, d'une province ou d'un royaume; c'est celle d'un continent, d'un huitième, pour le moins, de la terre habitable. Ce n'est pas l'intérêt d'un jour, d'une année ou d'un siècle; la postérité est virtuellement impliquée dans ce débat, & sentira plus ou moins, le contre-coup des opinions actuelles jusqu'à la fin des âges. Nous sommes au moment où l'union, la bonne foi, l'honneur des peuples du continent de l'amérique doivent jeter leurs éternelles semences. La moindre atteinte qui leur sera portée ressemblera aux traits indélébiles que laisse un nom gravé sur l'écorce d'un jeune chêne avec la pointe d'une épingle: l'incision croîtra avec l'arbre, & la postérité lira en caractères d'une grosseur frappante, le nom qu'il fut chargé de lui transmettre.

En mettant la guerre à la place du raisonnement, on a ouvert une nouvelle arêne. à la politique, on a donné naissance à une nouvelle façon de penser. Tous les plans, toutes les propositions, etc., antérieurs au dix-neuf avril, c'est-à-dire, au commencement des hostilités, sont comme les almanachs de l'an passé, qui, bons dans leur tems, sont inutiles aujourd'hui.

Tous les argumens employés par les avocats de l'un & de l'autre parti n'avoient pour terme qu'un seul & même point, savoir, l'union de l'amérique avec la mère-patrie. Ils ne différoient que dans la manière d'effectuer cette union, les uns proposant d'y envoyer la force, & les autres d'avoir recours aux voies amicales; mais il est arrivé que la première n'a pas eu de succès, & que les autres ont cessé d'exercer leur influence.

Comme on a beaucoup parlé des avantages d'une réconciliation, dont l'espérance, telle qu'un songe agréable, s'est dissipée en nous laissant au point où nous étions, il convient d'examiner l'autre côté de la question & d'approfondir les griefs capitaux & nombreux dont les colonies ont à se plaindre & dont elles auront à se plaindre, à raison de leurs rapports avec l'angleterre, & de la dépendance où elles sont vis-à-vis d'elle; il convient de discuter ces rapports & cette dépendance d'après les principes de la nature & du sens commun, de voir à quoi nous pouvons nous fier, si nous sommes séparés de la métropole, ce que nous avons lieu d'attendre, si nous sommes dans sa dépendance.

J'ai entendu assurer par quelques personnes, que l'amérique ayant prospéré tant qu'elle a eu des rapports intimes avec l'angleterre, ces mêmes rapports sont nécessaires pour son bonheur & produiront toujours leurs anciens effets. Rien de plus fallacieux que cette manière de raisonner. Autant vaudroit affirmer que, parce qu'un enfant a pris des forces tant qu'il a vécu de lait, il ne doit jamais vivre d'autre chose, ou que les premiers vingt ans de notre vie doivent nous servir de règle pour les vingt ans qui les suivent. Mais il y a plus: la vérité ne permet pas d'accorder l'hypothèse sur laquelle est fondée cette proposition. Je déclare franchement que l'amérique eût prospéré autant &, selon toute apparence, beaucoup plus qu'elle n'a fait, si aucune puissance de l'europe ne s'étoit mêlée de ses affaires. Le commerce qui l'a enrichi, roule sur les nécessités de la vie; & ce commerce-là sera toujours bon tant que l'on conservera en europe la coutume de manger.

Mais l'angleterre nous a protégés, disent quelques-uns de nos adversaires. Oh! oui. Je conviens qu'elle a accaparé nos productions, & qu'elle a défendu notre territoire à nos dépens comme aux siens; or, le même motif, savoir, l'intérêt de son commerce

& l'amour de la domination, l'auroient engagée de même à protéger la turquie.

Hélas! nous fumes long-temps égarés par d'anciens préjugés; nous avons fait d'amples sacrifices à la superstition. Nous nous sommes vantés de la protection de la grande-bretagne, sans prendre garde que l'intérêt & non l'attachement dirigeoit sa conduite; que, si elle nous protégeoit contre des ennemis, ce n'étoit ni contre les nôtres, ni à cause de nous, mais contre ses propres ennemis, & à cause d'elle-même, contre ceux qui n'étoient en querelle avec nous que par rapport à elle, & qui seront toujours nos ennemis sous le même point-de-vue. Que l'angleterre renonce à ses prétentions sur le continent, ou que celui-ci s'affranchisse de sa dépendance, nous serons en paix avec la france & l'espagne, lors même que ces puissances seront en guerre avec elle. Les malheurs de la dernière guerre de hanovre doivent nous mettre en garde contre le danger des liaisons.

Quelqu'un s'est permis naguère d'assurer, en plein parlement, que les colonies n'ont entr'elles de relation que par l'entremise de la métropole, c'est-à-dire, que la pensylvanie & les jerseys, & ainsi des autres, ne se tiennent que parce qu'elles sont également des colonies anglaises. Voilà à coup sûr une manière fort détournée de prouver une connexion aussi prochaine; mais c'est au moins la manière la plus simple & la seule incontestable de prouver à quels ennemis on doit s'attendre. La france & l'espagne n'ont jamais été, & peut-être ne seront jamais nos ennemis, en tant que nous sommes américains, mais en tant que nous sommes sujets de la grande-bretagne.

Mais on insiste, on dit que la grande-bretagne est notre mère-patrie: eh bien! sa conduite n'en est que plus infâme; les brutes elles-mêmes ne poussent point l'atrocité jusqu'à dévorer leurs petits; les sauvages ne font point la guerre à leurs tribus. Cette affection, en la supposant vraie, devient donc pour elle un sujet de reproche ; mais elle n'est point conforme à la vérité, ou du moins elle n'est vraie qu'en partie, & ce mot de *mère-patrie* a été jésuitiquement adopté par le ministre & ses parasites, dans l'intention perfide & méprisable de faire illusion à notre foiblesse & à notre crédulité. C'est l'europe, & non l'angleterre, qui est la mère-patrie de l'amérique ; ce nouveau monde a été l'asyle de tous les européens, persécutés pour avoir chéri la liberté civile & religieuse. En s'y réfugiant, ce n'est point des tendres embrassemens d'une mère qu'ils se sont échappés ; c'est un monstre dont ils ont fui la rage, & cela est si vrai de l'angleterre, que la même tyrannie qui chassa de son sein les premiers émigrans, poursuit encore leur postérité.

Dans cette immense portion du globe, nous oublions les étroites limites d'un territoire de trois cents soixante mille ; (l'angleterre n'a pas d'avantage d'étendue) & nous donnons à notre attachement une échelle plus vaste ; nous appellons à la fraternité tous les européens qui professent la religion chrétienne, (1) & nous tirons vanité de ce sentiment généreux.

Il est satisfaisant d'observer par quelles gradations régulières nous surmontons l'empire des préjugés locaux, à mesure que nos relations s'étendent. Un particulier, né dans une ville d'angleterre qui est divisée par paroisses, s'associe naturellement davantage avec ses co-paroissiens, vu que leurs intérêts sont, le plus souvent, communs, & les traite

_____

(1) Pourquoi ne pas y joindre ceux qui en professent d'autres, & ceux qui n'en professent aucune ? *Manent vestigia ruris.* Note du trad.

de voisins; vient-il à les rencontrer à quelques mille du lieu qu'il habite, il abandonne ces idées rétrécies de rue & de paroisse, & les aborde, en leur donnant le titre de concitoyens; s'il quitte sa province & les rencontre dans une autre, il oublie les divisions subordonnées, & les appelle compatriotes, par où toutefois il n'entend encore qu'habitans du même comté; mais si, transplantés chez l'étranger, ils se voient en france ou dans quelqu'autre pays de l'europe, toutes ses distinctions locales sont absorbées entr'eux dans celles que comporte le nom d'anglais, & par une juste analogie de raisonnement, tous les européens qui viennent à se rencontrer en amérique ou dans quelqu'autre partie du globe, sont compatriotes: car l'angleterre, la hollande, l'allemagne, ou la suède, lorsqu'on les compare à l'europe entière, offrent des divisions proportionnellement semblables à celles de rue, de ville & de province, & elles échappent à des ames qui n'embrassent plus que de grands espaces, tels que ceux des continens. Il n'y a pas un tiers des habitans de la province que j'habite qui soit d'origine anglaise; je réprouve donc le titre de mère-patrie, appliqué à l'angleterre, comme faux, inventé par son intérêt, propre à rétrécir les idées, & contraire à la générosité que tout homme doit avoir dans le cœur.

Mais je suppose que nous soyons tous d'origine anglaise, qu'en faut-il conclure? Absolument rien: la grande-bretagne s'étant déclarée notre ennemie, cet acte abroge tous les titres, tous les noms antérieurs, & c'est vraiment une folie que de prétendre qu'il soit de notre devoir de nous réconcilier avec elle. Le premier roi d'angleterre de la dynastie actuelle, (guillaume-le-conquérant) étoit français, & la moitié des pairs d'angleterre sont originaires de france. Il s'ensuivroit donc, dans cette manière de raisonner, que la france devroit gouverner l'angleterre.

On a beaucoup exalté la force qui résulte pour l'angleterre & les colonies de leur union; l'on a répété mille fois qu'ensemble elles pourroient braver l'univers ; mais ce ne sont là que des présomptions. Le sort des combats est incertain ; d'ailleurs ces propos ne portent sur rien de solide : car jamais l'amérique ne se laisseroit dépouiller de tous ses habitans, pour soutenir les armes britanniques en asie, en afrique ou en europe.

Outre cela que nous importe de pouvoir braver l'univers ? Notre objet est le commerce, & pourvu que nous ne le perdions pas de vue, nous nous assurerons la paix avec l'europe, & l'amitié de ses peuples, parce qu'il est de l'intérêt de toutes les nations européennes de trafiquer librement en amérique. Le commerce sera toujours le génie tutélaire des américains, & leurs terres ne produisant pas les métaux que recherche la cupidité, ils sont à l'abri des invasions.

Je défie le plus grand partisan du projet de réconciliation, de montrer un seul avantage qui puisse résulter pour ce continent, de son union avec la grande-bretagne ; oui, je répète ce défi, il n'en doit espérer aucun. Nos bleds se vendront dans quelque marché que ce soit de l'europe, & de quelque part qu'il nous plaise de tirer nos importations, il faudra toujours les payer.

Mais les inconvéniens & les dommages auxquels cette union nous expose, sont innombrables, & ce que nous devons, tant au genre humain qu'à nous-mêmes, nous ont fait une loi de renoncer à cette alliance ; toute sujétion, toute dépendance à l'égard de la grande-bretagne, conduit directement à envelopper l'amérique dans la guerre & les querelles dont l'europe est le théâtre,

&

& nous met en mésintelligence avec des nations qui, sans cela, rechercheroient notre amitié, & contre lesquelles nous n'avons aucun sujet de ressentiment ou de plainte. L'europe étant le siége de notre commerce, nous ne devons former de liaison particulière avec aucun de ses peuples. Le véritable intérêt de l'amérique est de n'entrer dans aucune des contestations européennes; & jamais elle n'en pourra venir à bout, tant que sa dépendance à l'égard de la grande-bretagne, la fera intervenir dans tous les mouvemens de la politique anglaise.

L'europe compte trop de royaumes pour être long-temps en paix, & toutes les fois que la guerre a lieu entre la grande-bretagne & quelques-autres puissances, c'en est fait du commerce de l'amérique, *à raison de ses liaisons avec l'angleterre*. Il peut arriver que la guerre prochaine n'ait pas la même issue que la dernière; & dans ce cas, les personnes qui plaident aujourd'hui en faveur de notre réconciliation, changeront de langage, & desireront que nous soyons séparés de la cause de la grande-bretagne, parce qu'alors il sera plus avantageux d'être neutre que d'avoir des escortes. La justice & la nature invoquent cette scission. Le sang des victimes de la guerre, la voix de la nature en pleurs crient qu'il est temps de nous séparer. Il n'y a pas jusqu'à la distance que le ciel a mise entre l'angleterre & l'amérique, qui ne démontre que jamais il n'eut dessein de soumettre l'une de ces régions à l'autre. Le temps où ce continent fut découvert ajoute au poids de cet argument, & la manière dont il fut peuplé en augmente la force. La découverte de l'amérique précéda la réforme, comme si la bonté de l'être suprême avoit eu dessein d'ouvrir un sanctuaire aux

Bb

objets des persécutions futures, lorsque leur patrie ne leur offriroit plus ni amitié ni sûreté.

L'autorité que la grande-bretagne exerce sur les colonies, constitue un mode de gouvernement qui doit cesser tôt ou tard; & quelque convaincu que puisse être un homme réfléchi, que ce qu'il nomme la constitution actuelle est purement temporaire, cette conviction sert à l'affliger, & il ne sauroit trouver aucune satisfaction à porter ses regards dans l'avenir: Nous ressemblons à des parens déchus de tout plaisir, dans la triste certitude que le gouvernement sous lequel ils vivent n'est point assez durable pour garantir les propriétés qu'ils laisseront à leurs descendans; & par un raisonnement très-simple, comme nous prenons des engagemens au nom de la génération qui nous remplacera, nous devons travailler pour elle, autrement nous agirions d'une manière aussi déplorable que honteuse. Afin d'acquérir une idée juste de nos devoirs, élevons nos enfans à notre hauteur, & plaçons-nous quelques annnées plus avant dans la carrière de la vie. Sous ce point de vue, nous aurons une perspective que nous dérobe maintenant un petit nombre de préjugés & de craintes.

Plusieurs ont l'avantage de vivre loin du théâtre des calamités. Le mal ne se fait pas assez sentir dans leurs habitations pour qu'ils sentent le peu de certitude attachée aux propriétés américaines. Mais supposons-nous pour un moment à boston. Ce séjour de détresse dessillera les yeux; nous y apprendrons à rejeter sans retour une domination à laquelle nous ne pouvons nous fier. Les habitans de cette ville infortunée, qui, peu de mois auparavant, jouissoient du bien-être & de l'abondance, n'ont aujourd'hui d'autre alternative que d'y rester pour mourir de faim, ou de l'abandonner pour aller demander leur subsistance. Exposés au feu de leurs compatriotes, s'ils ne veulent pas s'éloigner de leurs murs, ils courent risque d'être pillés par la soldatesque s'ils entreprennent d'en sortir. Dans leur situation présente, ils se trouvent prisonniers sans avoir l'espérance de recouvrer leur liberté, & si l'on faisoit une attaque générale pour venir à leur secours, ils seroient en butte à la fureur des deux armées.

Des hommes d'un caractère passif traitent légèrement les offenses de l'angleterre, & se flattant toujours que les choses iront pour le mieux, ils s'écrioient volontiers : venez, venez, nous serons amis malgré vos torts. Mais étudiez les passions & les sentimens du cœur humain, interrogez la nature sur cette réconciliation si prônée, & dites moi si vous pourrez aimer, honorer, servir fidèlement un maître qui a porté chez vous le fer & le feu. Si vous en êtes incapable, vous vous faites donc illusion à vous-même, & vos délais sont mortels à votre postérité. Votre union future avec l'angleterre, que vous ne pouvez ni chérir ni honorer, sera forcée & contraire à la nature, & comme elle n'aura été formée que d'après les circonstances actuelles, un peu de temps amenera une rechûte pire que vos premiers griefs. Mais si vous me dites que vous vous sentez la force de les oublier, je vous adresserai les questions suivantes : A-t-on incendié votre maison & détruit votre propriété sous vos yeux ? Votre femme & vos enfans n'ont-ils plus de lit pour reposer, plus de pain pour se nourrir ? Les soldats anglais vous ont-ils privé d'un père ou d'un fils, en vous laissant l'horrible malheur de survivre à leur perte ? Si vous n'avez pas éprouvé ces désastres, vous ne sauriez juger ceux qui en gémissent ; mais si vous les avez éprouvés & que vous puissiez encore serrer la main de ces brigands, vous êtes indignes du nom de père, d'époux, d'amant ou d'ami, & quel que soit votre rang dans la société, de quelque titre honorable que vous soyiez revêtu, votre cœur est celui d'un lâche, & votre énergie, celle d'un sycophante.

Ce n'est pas envenimer les choses, ou les exagérer, que de les soumettre à l'épreuve des affections que la nature justifie, & sans lesquelles nous serions incapables de remplir les obligations sociales, ou de goûter les douceurs de la vie. Mon intention n'est pas d'exciter l'horreur afin de provoquer la vengeance, mais d'interrompre le sommeil honteux & funeste où nous sommes plongés, pour que nous suivions constamment un plan fixe. Il n'est au pouvoir ni de l'angleterre, ni de toute l'europe, de conquérir l'amérique, si elle n'est pas d'intelligence contre elle-même avec ses conquérans, par ses délais & sa timidité. L'hiver dans lequel nous entrons vaut un siècle, si nous savons en profiter; si notre imprudence le néglige, tout le continent partagera notre infortune, & quels châtimens ne mérite pas un homme, quel qu'il soit, en quelque lieu qu'il réside, qui empêche que l'on ne profite d'une saison si précieuse?

Il répugne à la raison, à l'ordre universel, à tous les exemples que fournit l'antiquité, de supposer que l'amérique puisse être long-temps sujette d'une domination étrangère. Les esprits les plus audacieux de l'angletere ne le pensent pas. A moins de prononcer la séparation, les derniers efforts de l'humaine sagesse ne sauroient à l'heure qu'il est combiner un plan, qui nous promette même un an de sécurité. Toute idée de réconciliation n'est plus qu'un rêve trompeur. La nature s'est retirée de cette liaison; l'art ne peut la remplacer, car pour me servir d'une excellente remarque de milton, jamais il ne peut se former de raccommodemens véritables, où la haîne a fait de si profondes blessures.

Toutes les mesures tranquilles pour amener la paix ont été sans effet. On a rejeté nos prières avec dédain ; elles n'ont servi qu'à nous convaincre que rien ne flatte la vanité des rois, ou ne les confirme dans leur obstination, comme des supplications répétées ; en effet, n'est-ce pas là ce qui a le plus contribué à rendre les souverains de l'europe absolus ? Le dannemark & la suède en sont des exemples frappans. Ainsi, puisqu'il n'y a rien à espérer que des armes, pour dieu ! embrassons le parti d'une séparation décisive, ne laissons point à nos enfans le triste emploi de tuer, avec l'insignifiant héritage d'une alliance naturelle, que leurs pères auront violée.

Il faut être visionnaire pour dire que la grande-bretagne ne renouvellera point ses injures. Nous le crûmes lorqu'elle retira l'acte du timbre ; mais un an ou deux suffirent pour nous désabuser. J'aimerois autant supposer que des nations, pour avoir été vaincues une fois, ne reprendront jamais les armes.

Quant aux opérations du gouvernement, il n'est pas au pouvoir de l'angleterre de traiter l'amérique comme nos intérêts l'exigent. Avant peu nos affaires seront trop importantes & trop compliquées, pour qu'une autorité placée si loin de nous, & qui nous connoît si peu, les régisse convenablement. Il est aussi impossible à l'angleterre de nous gouverner que de nous conquérir. Avoir toujours deux ou trois mille lieues à faire pour un rapport ou une pétition, attendre quatre ou cinq mois la réponse, avoir besoin, quand on l'a reçue, de cinq ou six autres mois pour l'expliquer, ce sont des choses que, sous très-peu d'années, on regardera comme un enfantillage & une folie. Cela peut avoir été bon autrefois; mais le temps est venu où il est à propos que cela finisse.

Il est tout simple que des royaumes prennent sous leur protection des îles de peu d'étendue, incapables de se protéger elles-mêmes; mais il y a de l'absurdité à supposer un continent toujours gouverné par une île. La nature n'a point fait de satellites plus gros que leur planete; & puisque l'une à l'égard de l'autre, l'angleterre & l'amérique renversent l'ordre commun des choses, il est évident qu'elles appartiennent à des systêmes différens; la première à l'europe, l'amérique à elle-même.

Ce n'est point l'orgueil, la rage des partis ou le ressentiment qui me font embrasser la doctrine de la scission & de l'indépendance. Je suis clairement & positivement persuadé, je le suis dans mon for intérieur, que le véritable intérêt de l'amérique consiste à ne plus dépendre de la grande-bretagne; que tout arrangement où celui-là n'entre pas est un pur assemblage de pièces de rapport, qu'il ne sauroit produire une félicité durable, que par-là nous laisserions la guerre à nos enfans, que ce seroit reculer au moment où soit un peu plus, soit un peu moins de hardiesse, auroit fait de ce continent l'orgueil du monde.

L'angleterre n'ayant point fait d'avances pour une réconciliation, nous pouvons être certains de n'en pas obtenir des conditions dignes d'être acceptées, ou qui nous dédommagent, de quelque manière que ce soit, du sang & des trésors que nous avons déjà prodigués.

L'objet d'une demande doit toujours être proportionné aux dépenses que l'on a faites pour l'obtenir. La disgrace de north ou de toute sa ligue infernale n'est pas un succès assez glorieux pour nous consoler des millions dont nous nous sommes appauvris. Une suspension momentanée dans notre commerce étoit un malheur qui auroit suffisamment balancé l'avantage de voir abroger tous les actes dont se plaignoit l'amérique, dans le cas où elle auroit obtenu l'abrogation de quelques-uns. Mais si le continent tout entier doit prendre les armes, si chacun doit devenir soldat, c'est perdre notre tems que de lutter seulement contre un ministère méprisable. Ah! nous payons bien cher l'abrogation des actes qui nous révoltent, si nous ne combattons pas pour autre chose; car, à parler vrai, il est tout aussi extravagant d'essuyer un désastre tel que celui de bunker-hill, pour des loix dont on ne veut pas, que pour un territoire auquel on prétend. J'avois toujours regardé l'indépendance de l'amérique comme un événement qui devoit avoir lieu tôt ou tard; & d'après la rapidité avec laquelle j'ai vu se mûrir dans ce dernier période le caractère de ses habitans, j'ai pressenti que cet événement ne pouvoit être fort éloigné. Ainsi, lors des premières hostilités, ce n'étoit pas la peine, à moins que nous n'eussions pris la chose au sérieux, de discuter des griefs auxquels le temps auroit apporté un remède définitif. S'amuse-t-on à charger son bien d'un procès, pour mettre ordre aux envahissemens d'un tenancier dont le contrat est sur le point d'expirer? Personne ne desira plus ardemment que moi notre réconciliation avec l'angleterre, avant la fatale bataille de lexington, (donnée le dix-neuf avril 1775) mais à l'instant où l'on rendit public l'événement de cette journée....

Mais supposé que tout fût maintenant arrangé, qu'en arriveroit-il? Je répond: la ruine de l'amérique, & cela pour plusieurs raisons.

1º. L'autorité demeurant entre les mains du roi, il aura le *veto* sur toute la législation de ce continent. Or, est-il ou n'est-il pas l'homme fait pour dire aux colonies : « Vous n'établirez de loix que celles qu'il me plaira. » Y a-t-il un seul américain assez ignorant pour ne pas savoir que, suivant ce qu'on nomme la constitution actuelle, ce continent ne peut faire de loix sans la permission du monarque ; & y a-t-il un seul homme assez dépourvu de sens pour ne pas voir qu'à raison de ce qui s'est passé, il ne nous laissera faire d'autres loix que celles qui répondront au but qu'il se propose ? Nous pouvons aussi bien devenir esclaves faute de loix établies chez nous, qu'en nous soumettant à des loix faites pour nous en europe. Les choses une fois arrangées, comme on dit, y a-t-il le moindre doute que tout le pouvoir de la couronne ne soit mis en usage pour tenir l'amérique dans l'état le plus humble ? au lieu d'aller en avant, il faudra reculer, ou n'avoir d'autre affaire que de débats continuels & des pétitions ridicules.

Réduisons la question à ses derniers termes. Un pouvoir jaloux de notre prospérité est-il propre à nous gouverner ? Quiconque soutient la négative est un indépendant ; car ce mot d'indépendance implique seulement l'alternative de faire nous-mêmes nos loix, ou *de ne plus tenir à l'angleterre*.

Mais, dira-t-on, le roi a le *veto* dans la métropole ; la nation ne peut y faire des loix sans son consentement. A consulter la raison & le bon ordre, il est passablement ridicule qu'un jeune homme de vingt-un ans, comme il est arrivé plus d'une fois, dise à plusieurs millions d'hommes, plus âgés & plus sages que lui : « Je défends que tel ou tel de vos actes ait force de loi. » Mais je veux bien ne pas employer ici ce genre de réfutation, quoique résolu à ne jamais cesser de montrer l'absurdité d'un pareil usage ; & je me contenterai de répondre, qu'il résulte une très-grande différence

de

de ce que le roi réside en angleterre, & ne réside pas en amérique. Le *veto* du roi est ici dix fois plus dangereux qu'il ne peut l'être en angleterre; car il ne refuseroit guère son consentement à un bill qui auroit pour objet de mettre la grande-bretagne sur un meilleur pied de défense, puisqu'il y fait son séjour; au lieu qu'il ne laisseroit jamais passer un tel bill relativement à l'amérique.

L'amérique ne joue qu'un rôle secondaire dans le système de la politique anglaise : l'angleterre ne consulte l'avantage de cette contrée qu'autant qu'il se rapporte à ses vues. Son propre intérêt l'engage, par conséquent, à empêcher l'accroissement de notre prospérité, toutes les fois qu'il ne tend pas à la sienne, ou pour peu qu'il la contrarie. Le bel état que nous formerions dans peu sous un tel gouvernement, d'après ce qui est arrivé ! Le simple changement d'un nom ne suffit pas pour que d'ennemis on devienne amis, & afin de montrer qu'à présent les plans de réconciliation nous menacent des plus grands dangers, j'affirme qu'il seroit d'une excellente politique pour l'angleterre d'abroger les actes qui ont fait le principe de nos querelles, en vue de rétablir, dans son ancienne forme, le gouvernement des colonies, parce qu'elle *s'assureroit de cette manière le droit & les moyens de nous tyranniser plus que jamais.*

20. Les conditions les plus favorables que nous soyons dans le cas d'espérer, devant se réduire à des expédiens momentanés, ou à une sorte de gouvernement par tutelle, qui cessera lorsque les colonies seront *majeures*; la situation générale des affaires durant cet intervalle, ne sera ni solide ni flatteuse. Les riches émigrans n'accourront point dans une contrée où la forme du gouvernement ne tiendra qu'à un fil, où des divisions & des troubles seront sans cesse sur le point d'éclater; & la

plupart des habitans actuels profiteront de l'*interim* pour disposer de leurs biens & quitter le continent.

Mais le plus fort de tous les raisonnemens, c'est que l'indépendance, ou en d'autres termes, une forme de gouvernement dont le siège soit en amérique peut seule la maintenir en paix & la préserver des guerres civiles. Je crains aujourd'hui l'issue d'une réconciliation avec l'angleterre, attendu qu'il est plus que probable qu'elle sera suivie de manière ou d'autre par une révolte dont les suites peuvent entraîner infiniment plus de désastres que toute la malice des anglais.

Leur barbarie a déjà ruiné des millions d'américains! d'autres millions éprouveront vraisemblablement le même sort! ceux qui n'ont rien souffert ont le cœur autrement fait que nous. Tout ce que les américains possèdent aujourd'hui se borne à la liberté; ce dont ils jouissoient auparavant ils l'ont sacrifié pour elle, & n'ayant plus rien à perdre, ils dédaignent de se soumettre. Outre cela, la disposition générale des colonies, à l'égard d'une forme de gouvernement exercée par l'angleterre, ressemble aux idées d'un jeune homme qui touche au moment d'être affranchi de son tuteur; elles ne s'en mettent guère en peine. Or, tout gouvernement qui n'a pas la force de maintenir la paix, n'en mérite pas le nom, & dans ce cas, nos impôts sont sans objet : car, je demande, en supposant qu'un tumulte s'élevât le lendemain de la reconciliation, ce que l'angleterre feroit pour le réprimer, elle dont l'autorité ne se manifesteroit que par écrit. J'ai oui dire à quelques personnes, dont la plupart, je crois, parloient sans réflexion, qu'elles redoutoient l'indépendance des colonies, dans l'appréhension qu'elle n'enfantât des guerres civiles; mais la guerre civile est cent fois plus à craindre d'une liaison mal assortie, que de l'indépendance. Je me mets à la place de ceux qui souffrent; & je proteste que si j'étois chassé d'habitations en habitations, si ma propriété étoit détruite & ma ruine consommée, naturellement sensible à l'injure, je ne goûterois jamais le système d'un racommodement, & ne me croirois pas lié par l'aveu que mes compatriotes y auroient donné.

Les colonies ont fait voir des dispositions si sages & tant d'obéissance à un gouvernement pris dans leur sein, que c'en est assez pour tranquilliser, sur ce point, tout homme raisonnable. Les plus timides ne peuvent alléguer, pour motif de leurs alarmes, que des prétextes ridicules & puérils, comme lorsqu'ils supposent que telle colonie prétendra la supériorité sur tel autre.

Où il n'existe point de distinctions, il ne peut y avoir de supériorité ; l'égalité parfaite ne donne point d'accès aux tentations. Toutes les républiques de l'europe sont dans une paix continuelle ; la hollande & la suisse n'ont ni guerres étrangères ni guerres intestines. Au contraire, le repos des monarchies n'est jamais durable. Au dedans, la couronne séduit toujours quelques scélérats entreprenans, & l'orgueil, l'insolence, compagnes inséparables de l'autorité des rois, amènent de fréquentes ruptures avec les puissances étrangères, pour des griefs, ou pour de simples méprises qu'un gouvernement républicain, fondé sur des principes plus naturels, arrangeroit par la voie des négociations.

Si l'indépendance des colonies est de nature à inspirer quelques craintes, c'est parce qu'on n'a pas encore arrêté de plan à cet égard. Les américains ne voient pas encore la marche qu'ils doivent suivre. Je vais donc, pour faciliter le travail, présenter mes idées particulières, tout en assurant, avec la modestie qui conviendra dans un pareil sujet, que je les envisage uniquement comme pouvant servir à en suggérer de meilleures. S'il étoit possible de réunir les opinions éparses des individus, elles fourniroient souvent aux hommes sages & habiles des matériaux dont ils sauroient tirer un parti avantageux.

Que les assemblées de chaque colonie soient annuelles, & sans autres officiers qu'un président ; que la représentation y soit plus égale ; que leurs délibérations n'aient pour objet que leurs propres affaires, & qu'elles soient soumises à l'autorité d'un congrès-général.

Que chaque colonie soit divisée en six, huit ou dix districts d'une étendue convenable, dont chacun enverra un certain nombre de députés au congrès, de manière que chaque colonie en envoie au moins trente. Le nombre des membres du congrès sera au moins de trois cents quatre-vingt-dix. Le congrès se formera & choisira son président de la manière suivante. Tous les députés rendus au lieu de ses séances, qu'on tire au sort une des treize colonies, & que, parmi les députés de celle que le sort aura désignée, tout le congrès choisisse son président au scrutin ; que dans le congrès suivant, on ne tire au sort qu'une colonie sur douze, en mettant de côté celle qui a fourni le président du dernier congrès, & que l'on continue ainsi jusqu'à ce que les trente colonies aient subi cette épreuve ; & pour que le congrès ne décrète rien que de juste, les trois cinquièmes des voix formeront seuls la majorité. Celui qui excitera la discorde sous un gouvernement dont les bases seront si conformes à l'égalité, auroit été dans le ciel un des complices de la révolte de lucifer.

Mais comme le choix des personnes qui établiront cet ordre, ou la manière dont on s'y prendra pour l'établir, sont des objets d'une nature extrêmement délicate, & comme ce soin paroît regarder plus particulièrement un corps intermédiaire, placé entre le gouvernement & le peuple, que l'on ouvre une CONFÉRENCE CONTINENTALE sur le plan & pour l'objet que je vais indiquer.

Un comité de vingt-six membres du congrès, savoir, deux députés de chaque colonie, deux membres de chaque assemblée provinciale, & cinq représentans de toute la masse du peuple, qui seront choisis dans la capitale de chaque province, au nom & pour les intérêts de la province entière, par autant d'électeurs que l'on jugera convenable d'en appeler de toutes les parties de la province; on pourroit aussi, pour plus de commodité, choisir les représentans dans deux ou trois districts, les plus peuplés de la colonie. La conférence ainsi formée, rassemblera les deux grands pivots des affaires, le savoir & l'autorité. Les membres du congrès & des assemblées provinciales, ayant acquis de l'expérience en discutant les intérêts nationaux, ouvriront d'utiles avis, & leur ensemble, revêtu des pouvoirs du peuple, aura véritablement une autorité légale.

Les membres de la conférence une fois assemblés, s'occuperont de rédiger une CHARTRE CONTINENTALE, ou chartre des états-unis, qui réponde à ce qu'on nomme la grande-chartre de l'angleterre; ils y fixeront le nombre & le mode d'élection des membres du congrès, & de ceux des assemblées provinciales, la durée de leurs sessions, & la limite précise de leurs travaux & de leur jurisdiction; ils ne perdront jamais de vue que notre force aura pour base l'union des diverses colonies en un seul état, & non la puissance particulière de chacune d'elles; ils assureront à chaque individu liberté & propriété, & sur-tout le libre exercice de la religion, suivant leur conscience. Enfin ils insèreront dans leur chartre tout ce que doit contenir un ouvrage de ce genre. Dès qu'elle seroit terminée, la conférence sera dissoute, & les corps choisis, conformément à la chartre, prendront l'autorité législative & administrative de l'amérique pour le tems qui leur aura été prescrit.

Si jamais on confie des fonctions de cette importance à une assemblée quelconque, qu'il me soit permis d'offrir aux réflexions de ses membres l'extrait suivant de dragonetti, l'un des plus sages observateurs qui ait existé en matière de gouvernement : « La science de l'homme d'état, consiste
» à fixer le vrai point du bonheur & de la liberté.
» Ce seroit acquérir des droits à la reconnoissance
» de tous les siècles, que de découvrir un mode de
» gouvernement qui, en surchargeant le moins pos-
» sible le trésor national, offriroit la plus grande
» somme de félicité individuelle. »

DRAGONETTI, *sur la vertu & les récompenses.*

Mais où est le roi de l'amérique, demanderont quelques personnes ? Mais amis, je vais vous le dire; il est au ciel, & ne s'amuse point à faire entre-tuer les hommes.

Cependant pour que nous n'ayons pas l'air de manquer de cérémonies & de pompe terrestre, qu'il y ait un jour solemnellement réservé pour la proclamation de la chartre; ce jour-là, qu'elle soit tirée des archives nationales, & placée sous l'auguste recueil des loix divines; que l'on pose dessus une couronne, afin d'apprendre à l'univers que les américains sont partisans de la monarchie, en ce sens que LA LOI LEUR SERT DE ROI. Car de même que dans les gouvernemens absolus, la loi réside dans la personne du monarque; dans les pays libres, la loi elle-même doit être le monarque, & il ne doit pas y en avoir d'autre. Mais afin de prévenir les abus qui pourroient s'introduire par la suite, qu'à la fin de la cérémonie on défasse la couronne, & que ses débris soient abandonnés au peuple, à qui elle appartient de droit.

Le droit naturel nous autorise à nous gouverner nous-mêmes, & lorsqu'on réfléchit sérieusement à l'incertitude des choses humaines, on n'a pas de peine à se convaincre qu'il est infiniment plus sage & plus sûr de rédiger de sang-froid & avec maturité, une constitution à notre usage, tandis que nous en avons le pouvoir, que de laisser un objet aussi important à la disposition du tems & du hasard. Si nous le négligeons maintenant, il peut s'élever après nous un masaniel (1) qui, profitant de l'inquiétude populaire, rassemble les mécontens & les gens sans ressource, &, s'emparant avec eux des rênes du gouvernement, anéantisse sans retour la liberté de l'amérique. Si l'administration retourne aux mains de la grande-bretagne, il se trouvera quelqu'avanturier qui, n'ayant rien à perdre, & tenté par la situation équivoque de nos affaires, essaiera de nous assujétir; &, dans ce péril, quel secours attendre de l'angleterre? Avant qu'elle en ait reçu la nouvelle, le coup fatal sera porté, & nous gémirons, comme les anglais du tems d'harold, sous la tyrannie d'un conquérant. Vous ne savez ce que vous faites, vous tous qui rejetez le parti de l'indépendance; vous favorisez l'établissement d'une éternelle oppression.

―――――――――――――

(1) Pêcheur de naples, qui, après avoir animé ses concitoyens, dans la place du marché, contre l'oppression des espagnols, alors maîtres de cette ville, les excita à la révolte, & n'eut besoin que d'un jour pour se faire nommer roi. (Cette note de m. payne n'est pas tout-à-fait exacte. Il se passa sept jours avant que les napolitains jetassent les yeux sur masaniel, pour le mettre à leur tête; &, pendant la courte durée de sa domination, il reconnut toujours la suprématie du roi d'espagne. Le peuple & lui n'en vouloient qu'au duc d'arcos, viceroi.)

Des milliers de nos frères pensent qu'il seroit glorieux de chasser du continent cette puissance infernale & barbare, qui a suscité les sauvages & les négres pour notre destruction ; cruauté empreinte du sceau d'un double crime, l'inhumanité envers nous, la perfidie à l'égard de ceux qui l'ont commise.

C'est être dans le délire que de parler d'amitié entre nous & des hommes en qui notre raison nous défend d'avoir confiance, pour qui nos plus tendres affections, blessées de mille manières, ne nous inspirent que de l'horreur. Chaque jour efface entre eux & nous les foibles restes de notre parenté ; & doit-on se flatter de voir croître l'attachement, à mesure que nos liaisons naturelles s'affoiblissent ; ou bien que nous vivrons en meilleure intelligence, lorsque nous aurons des sujets de querelle, plus graves & plus nombreux que jamais.

Vous qui nous parlez de bonne harmonie & de réconciliation, pourriez-vous nous rendre le tems qui s'est écoulé ? Pourriez-vous replacer dans son état d'innocence primitive, une victime de la prostitution ? Eh! bien, vous ne pouvez pas davantage réconcilier l'angleterre & l'amérique. Le dernier fil est rompu ; le peuple, en angleterre, présente des adresses contre nous. Il est des outrages que la nature ne pardonne jamais ; elle cesseroit d'être la nature, s'il lui arrivoit de les pardonner. Il n'est pas plus au pouvoir de l'amérique d'oublier les meurtriers qui lui sont venus d'angleterre, qu'au pouvoir d'un amant d'effacer de son souvenir le ravisseur de sa maîtresse. Ce n'est pas sans une intention bonne & sage que le tout-puissant a mis ces affections dans nos cœurs.

Son image y est sous leur garde ; elle nous distingue de la foule des brutes. Le pacte social se dissoudroit, l'équité disparoîtroit de la terre, si nous étions sourds à la voix de la sensibilité. Que de fois le vol & le meurtre demeureroient impunis, si nos passions outragées ne nous provoquoient à la justice !

Ô vous qui chérissez les hommes, vous qui ne craignez pas de lutter contre la tyrannie, de quelque part qu'elle vienne, montrez-vous. Toutes les contrées de l'ancien monde sont en butte à l'oppression. La liberté s'est vue poursuivie dans tous les points du globe. Depuis long-temps l'asie & l'afrique l'ont repoussée ; l'europe la regarde comme une étrangère, & l'angleterre lui a donné le signal du départ. Ah ! recevez cette fugitive, & préparez, avant qu'il soit trop tard, un asyle au genre-humain.

Des ressources de l'Amérique. — Réflexions diverses.

Je n'ai rencontré personne, soit en angleterre, soit en amérique qui ne pensât que tôt ou tard la séparation auroit lieu entre ces deux contrées, & jamais nous n'avons montré moins de jugement, que lorsque nous avons tâché de définir ce que nous appelons la maturité de l'amérique pour l'indépendance.

Comme on avoue que cette mesure est inévitable, & que les opinions ne varient que sur le temps où elle devoit avoir lieu ; pour éviter les méprises, examinons en général la situation des choses, & tâchons, s'il est possible, de trouver son époque véritable. Mais nous n'avons pas besoin de prendre tant de peine ; l'examen cesse dès les premiers pas, car le temps nous a devancés. Le concours unanime, la glorieuse union de toutes les circonstances prouvent ce fait.

Notre force ne gît pas dans le nombre des hommes, mais dans l'unité des sentimens ; & encore

D d

le nombre d'hommes que nous pouvons armer suffit pour repousser les forces de l'univers. Les colonies ont maintenant sur pied le corps le plus considérable de troupes disciplinées que soit en état de lever aucune puissance ; elles sont arrivées au période où aucune d'elles n'est en état de se soutenir elle-même, mais où leur confédération bien unie peut les défendre toutes ; au période où leur situation respective, altérée en plus ou en moins, entraîneroit des conséquences fatales. Nos forces de terre sont déjà suffisantes, & quant à la marine ; nous ne saurions nous dissimuler que la grande-bretagne ne laisseroit pas construire un seul vaisseau de guerre en amérique, tant qu'elle en demeureroit souveraine ; ainsi nous ne serions pas plus avancés à cet égard dans un siècle, que nous ne le sommes aujourd'hui ; disons mieux, nous le serions encore moins, attendu que le bois de construction diminue chaque jour dans nos contrées, & que le peu qui s'en conservera à la fin sera loin de nous & difficile à se procurer.

Si les colonies regorgeoient d'habitans, leurs souffrances seroient insupportables dans les circonstances actuelles. Plus nous aurions de ports de mer, plus nous aurions à défendre, & plus nous risquerions de perdre. Notre population est si heureusement proportionnée à nos besoins, que personne n'est dans le cas de rester oisif. La diminution du commerce nous vaut une armée, & l'entretien de cette armée produit un nouveau commerce.

Nous n'avons point de dette ; & quelques emprunts que nous soyons obligés de faire, ils éterniseront notre gloire & serviront de monument à notre vertu. Si nous parvenons à transmettre à nos descendans une forme stable de gouvernement & une constitution indépendante, à quelque prix que nous leur ayons acheté ces biens, ils ne leur sembleront pas trop chers. Mais c'est agir sans raison, c'est trahir cruellement la postérité, que de dépenser des millions, simplement en vue d'obtenir l'abrogation de quelques actes méprisables & de renverser les ministres actuels, parce que c'est laisser à nos enfans la grande entreprise à terminer & le fardeau d'une dette qui ne leur sera d'aucun profit. Une semblable pensée est indigne d'un homme d'honneur; elle est le signe indubitable d'une ame étroite & d'une politique minutieuse.

La dette que nous pouvons contracter ne mérite pas que nous nous y arrêtions, pouvu que l'ouvrage s'accomplisse. Il faut aux états une dette nationale; c'est un engagement dont tous leurs membres répondent, & lorsqu'elle ne porte pas d'intérêt, elle ne sauroit être onéreuse sous aucun rapport. La grande-bretagne est accablée d'une dette de plus de cinquante millions sterling, qui lui coûte plus de quatre millions sterling d'intérêt. Pour la dédommager, elle a une marine considérable. L'amérique n'a ni dette, ni marine, & toutefois, pour la vingtième partie de la dette nationale de l'angleterre, elle pourroit avoir une marine égale à la sienne. La marine anglaise ne vaut pas, à l'heure qu'il est, plus de trois millions & demi de livres sterling.

La première & la seconde édition de ce pamphlet ne renferment point les calculs suivans, je les y insère aujourd'hui pour prouver la justesse de cette estimation. Voyez l'*histoire navalle* d'entick, page 56 de l'*introduction*.

D'après les comptes de m. burchett, secrétaire de la marine, il en coûte, pour construire un vaisseau de chaque dimension, le garnir de mâts, de voiles, d'agrès, & le fournir pour huit mois des provisions nécessaires au pilote & au charpentier,

S A V O I R :

Pour un vaisseau
- de 100 canons, 35,553 l. sterl.
- de 90, 29,886.
- de 80, 23,638.
- de 70, 17,785.
- de 60, 14,197.
- de 50, 10,606.
- de 40, 7,855.
- de 30, 5,846.
- de 20, 3,710.

Il n'est pas difficile, d'après cela, de supputer ce que vaut, ou, pour mieux dire, ce que coûte la marine anglaise. En 1757, époque de sa gloire la plus brillante, elle étoit composée comme il suit :

Vaisseaux.	Canons.	Frais.
6	100	213,318 liv. sterl.
12	90	358,632
12	80	283,656
43	70	764,755
35	60	496,895
40	50	424,240
45	40	340,110
58	20	251,180
85 Sloops.		

Batteries flottantes, &c.
à 2,000 l. sterl. chaque, ... 270,000

Total . 3,266,786
Reste pour des Canons . . . 233,214

3,500,000 liv. sterl.

Il n'y a pas de pays sur le globe aussi heureusement situé pour avoir une flotte, aussi capable d'en former une par ses seuls moyens, que l'amérique. Le goudron, le bois de construction, le fer, les cordages, sont les productions naturelles ; nous n'avons besoin de rien aller chercher au dehors, tandis que les hollandais, qui gagnent immensément à louer leurs vaisseaux de guerre aux espagnols & aux portugais, sont obligés d'importer chez eux la plupart des matériaux qu'ils emploient. Nous devons envisager la construction d'une flotte comme un article de commerce, puisque c'est la fabrique la plus convenable à cette contrée. C'est aussi le meilleur emploi que nous puissions faire de notre argent. Un vaisseau, lorsqu'il est achevé, vaut plus qu'il ne coûte; il assure ce point si délicat de la politique nationale, l'avantage de faire le commerce & de le protéger tout ensemble. Construisons toujours des vaisseaux; si nous n'en avons pas besoin, nous les vendrons, & par ce moyen, nous remplacerons notre papier-monnoie avec du numéraire.

En général on se trompe grossièrement au sujet des hommes qui doivent monter une flotte; il n'est pas nécessaire qu'il y ait un quart de matelots. Pendant la guerre dernière, *le terrible*, commandé par le capitaine death, soutint un combat plus violent qu'aucun autre navire, & cependant il n'avoit pas vingt matelots à bord, quoique son équipage fût composé de plus de deux cens personnes; quelques matelots instruits & sociables formeront, en peu de temps, un nombre suffisant de cultivateurs à la manœuvre ordinaire d'un vaisseau. De tout ce qui vient d'être dit, il résulte que nous ne serons jamais plus à portée de commencer à nous donner une marine, qu'au moment actuel, où notre bois de construction existe dans son intégrité, où nos pêcheries sont bloquées, où nos matelots & nos charpentiers sont sans emploi. On construisit, il y a quarante ans, des vaisseaux de guerre de soixante-dix & quatre-vingt canons, dans la nouvelle-angleterre; pourquoi n'en feroit-on pas aujourd'hui? L'art de construire les vaisseaux est le triomphe de l'amérique, &, avec le temps, elle surpassera, en ce genre, le monde entier. Les grands empires de l'orient sont presque tous dans l'intérieur des terres ; ils sont, par conséquent, hors d'état de la rivaliser ; l'afrique est plongée dans la barbarie, & aucune puissance européenne n'a une aussi grande étendue de côtes, ou des matériaux aussi abondans ; si la nature en à favorisé quelques-unes du premier de ces avantages, elle leur a refusé l'autre ; elle ne les a prodigués tous les deux qu'à la seule amérique. Le vaste empire de russie n'a presque point de mer, ce qui fait que son goudron, ses immenses forêts, son fer & ses cordages ne forment pour lui que des branches de commerce.

Si nous avons égard à notre sûreté, pouvons-nous nous passer de flotte ? Nous ne sommes plus ce que nous étions il y a soixante ans. Alors, nation peu nombreuse, nous aurions pu laisser nos effets dans les rues ; ou plutôt dans les champs, & dormir tranquillement sans avoir de bareaux à nos fenêtres ou de verroux à nos portes ; les temps sont changés & nos moyens de défense doivent se perfectionner à proportion de l'accroissement de nos propriétés. Il y a un an qu'un simple pirate auroit pu remonter la delaware, & mettre philadelphie à contribution pour quelle somme il auroit voulu, & la même chose auroit pu se renouveller en d'autres endroits ; je dis plus : un drôle entreprenant, sur un brigantin de quatorze ou de seize canons, auroit pu voler ainsi dans toute l'étendue du continent, & emporter un million de numéraire. Ce sont là des objets qui demandent notre attention, & nous prouvent la nécessité d'une marine qui nous protège.

On m'objectera peut-être que l'angleterre nous protégera quand nous aurons fait notre paix avec elle. Aurions-nous la sotise de croire qu'elle entretiendra une marine dans nos ports à cette intention? Le sens-commun nous dira que la puissance qui a tâché de nous assujétir est la moins propre de toutes à nous défendre ; sous prétexte d'amitié, elle effectueroit la conquête de nos provinces, & après une longue & courageuse résistance, quelques caresses simulées nous réduiroient en esclavage. Or, si nous ne devons pas admettre ses vaisseaux dans nos ports, je demande comment elle nous protégera. Une marine est d'un bien foible usage à la distance de deux ou trois mille lieues ; elle ne peut rendre aucun service dans les occasions urgentes ; si donc nous sommes forcés à l'avenir de nous protéger nous-mêmes, pourquoi nous protégerions-nous pour l'avantage d'autrui, pourquoi ne seroit-ce pas pour le nôtre ?

La liste des vaisseaux de guerre de la grande-bretagne est longue & formidable ; mais il n'y en a pas la dixième partie qui soit en état de servir sur-le-champ, plusieurs même n'existent plus que sur le papier ; cependant, pourvu qu'il en reste une planche, leurs noms continuent de paroître pompeusement sur la liste ; ajoutons que, sur le nombre de ceux qui sont en état de servir, il n'y en a pas un cinquième dont le gouvernement puisse disposer comme il veut. Les indes orientales & occidentales, les possessions de la méditerranée, l'afrique & les autres contrées sur lesquelles l'angleterre étend ses prétentions, demandent la plupart de ses vaisseaux. Par un mélange de préjugé & d'inattention, nous avons pris des idées fausses de la marine anglaise ; nous en avons parlé comme si nous avions dû craindre qu'elle nous attaquât tout-à-la-fois : cette erreur nous a fait supposer que nous devions nous en procurer une aussi considérable, & comme la chose ne pouvoit s'exécuter à l'instant, des torys déguisés qui se cachent parmi nous, se sont servis de ce motif pour nous détourner de l'entreprendre. Rien n'est plus faux qu'une pareille supposition; car si l'amérique avoit seulement un vingtième des forces navales de l'angleterre, elle maîtriseroit de beaucoup ses opérations, puisque n'ayant ni prétentions ni domaines éloignés, notre marine toute entière seroit employée sur nos côtes, où il y a deux contre un à parier que nous aurions l'avantage sur ceux qui auroient deux ou trois mille lieues à parcourir soit avant de nous attaquer, soit pour réparer leur monde & leurs vaisseaux; & bien que l'angleterre, au moyen de sa flotte, nuisît à notre commerce en europe, nous gênerions également le sien dans ses isles d'amérique, qui, voisines du continent, sont absolument à notre merci.

On pourroit imaginer quelque méthode d'entretenir une force navale en tems de paix, si nous ne jugions pas qu'il fût nécessaire d'avoir constamment une marine sur pied; si l'on accordoit des primes aux négocians, pour les encourager à construire des vaisseaux de vingt, trente, quarante & cinquante canons qu'ils emploieroient à leur service, cinquante ou soixante de ces bâtimens, avec quelques vaisseaux de conserve, toujours en activité, formeroient une marine suffisante, sans nous exposer à l'inconvénient dont on se plaint si fort en angleterre, de laisser, durant la paix, notre flotte pourrir dans les chantiers. Il est d'une saine politique d'unir les moyens du commerce à ceux de la défense, car lorsque notre force & nos richesses se soutiennent mutuellement, nous n'avons rien à craindre des ennemis du dehors.

Nous avons en abondance presque tout ce qu'il faut pour se défendre; le chanvre prospère chez nous jusqu'au point de nous être à charge, ainsi nous ne craignons pas de manquer de cordages; notre fer est supérieur à celui des autres contrées,

les

les armes que nous fabriquons, égales à toutes celles qu'on fabrique ailleurs; nous avons de quoi fondre des canons à notre gré; nous faisons sans cesse du salpêtre & de la poudre; nos connoissances s'étendent journellement; la fermeté est le trait distinctif de notre caractère, & le courage ne nous a jamais abandonnés. Qu'est-ce donc qui nous manque? Pourquoi hésitons-nous? Nous ne devons attendre de l'angleterre que notre ruine. Si jamais elle est réintégrée dans le gouvernement de l'amérique, ce continent ne méritera pas que l'on daigne y vivre; il s'y élevera des jalousies continuelles, les insurrections se renouvelleront chaque jour; & qui prendra sur soi de les appaiser? Qui voudra risquer sa vie pour faire plier ses concitoyens sous une autorité étrangère? La différence de la pensylvanie & du connecticut, relativement à quelques terreins non affermés, montre l'insignifiance du gouvernement, tant qu'il sera entre les mains de la grande-bretagne, & prouve sans réplique qu'une administration fixée sur le continent, peut seule régler les affaires du continent.

Il se présente encore une raison à l'appui de ce que j'ai déjà avancé, que le tems actuel est le meilleur que nous puissions choisir pour nous déclarer indépendans, c'est que moins nous sommes, plus il reste des terres vacantes, dont nous pouvons nous servir, non-seulement au paiement de la dette que nous aurons contractée, mais encore pour les dépenses du gouvernement, au lieu de laisser au roi la faculté d'en gratifier ses méprisables serviteurs; aucune des nations que le soleil éclaire, ne jouit d'un tel avantage.

La foiblesse des colonies, bien loin d'être contraire à la cause de l'indépendance, plaide en sa faveur; nous sommes assez nombreux, & si nous l'étions davantage, il pourroit se faire que nous fussions moins unis. C'est une chose digne de remarque, que plus un pays est peuplé, moins ses armées sont considérables; elles l'étoient beaucoup plus dans l'antiquité qu'elles ne le sont chez les modernes, & la raison en est frappante: le commerce étant la suite de la population, les hommes s'y livrent avec trop d'ardeur pour s'occuper d'autre chose; le commerce diminue le patriotisme & la bravoure, & l'histoire nous apprend assez que les plus vaillans exploits ont toujours illustré l'enfance des nations. En étendant son commerce, l'angleterre a perdu son énergie. La ville de londres, malgré son immense population, se soumet, avec la patience des lâches, à des insultes continuelles. Plus les hommes ont à perdre, moins ils sont disposés à risquer. Les riches, en général, sont esclaves de la crainte, & ils cèdent à la puissance des cours avec la duplicité timide d'un espagnol.

La jeunesse des nations, comme celle des individus, est la saison propre à semer les bonnes habitudes. Il seroit difficile, sinon tout-à-fait impossible, dans un demi-siècle, de donner un gouvernement à l'amérique. La confusion naîtroit de la diversité infinie d'intérêts occasionnée par l'accroissement du commerce & de la population. Les colonies seroient ennemies les unes des autres; chacune d'elles, assez forte par elle-même, dédaigneroit l'assistance de ses rivales; & tandis que les orgueilleux & les sots triompheroient de leurs distinctions, les sages gémiroient de ce que l'union n'auroit pas été formée plutôt. Le moment actuel est donc le vrai moment de l'établir. L'intimité que l'on contracte dans l'enfance, l'amitié qui est le fruit du malheur, sont les plus durables, les moins sujettes aux vicissitudes. Notre union présente est marquée à ces heureux caractères. Nous sommes jeunes, & nous avons été opprimés; mais notre concorde a empêché nos troubles, & présente à la postérité une époque mémorable & glorieuse.

Le moment actuel nous offre aussi cette occasion que le ciel n'accorde qu'une fois à chaque peuple, celle de se donner un gouvernement national. Beaucoup l'ont laissé échapper & se sont mis par-là dans la nécessité de recevoir les loix de leurs conquérans, au lieu d'en faire par eux-mêmes. Ils commencèrent par avoir un roi ; ils eurent ensuite une forme de gouvernement, tandis qu'il faut d'abord rédiger la chartre constitutionnelle, & après cela charger des hommes de veiller à son exécution. Mais que les erreurs des autres nous rendent sages, & nous enseignent à profiter de l'occasion qui se présente à nous de commencer notre gouvernement par où il faut le commencer.

Quand guillaume le conquérant subjugua l'angleterre, il lui donna des loix à la pointe de l'épée ; & jusqu'à ce que nous ayons consenti à voir le gouvernement fixé en amérique, occupé d'une manière légale & fondé sur une autorité déléguée par nous-mêmes, nous serons en danger de le voir envahi par quelque brigand fortuné, qui nous traîtera comme guillaume traita les anglais, & alors que deviendra notre liberté ? où sera notre propriété ?

Pour ce qui regarde la religion, je crois que le devoir indispensable de tout gouvernement est de protéger tous ceux qui la professent suivant leur conscience, & je ne vois pas qu'il ait autre chose à faire à cet égard. Dépouillons-nous de cette petitesse d'esprit, de cet égoïsme de principes, que la lie de toutes les sectes a tant de peine à abjurer, & nos craintes en ce genre seront bientôt dissipées. Le soupçon est le partage des ames basses & le poison de toute bonne société. Quant à moi, je suis pleinement & sincèrement persuadé que la volonté du tout-puissant est qu'il y ait parmi nous une diversité d'opinions religieuses. Elle ouvre un champ plus vaste à notre bienveillance, en tant que nous sommes chrétiens. Si nous pensions tous de même, notre piété demeureroit sans épreuves. Dans ces généreux principes, j'envisage nos sectes diverses, distinguées par telle ou telle dénomination, comme les enfans d'une même famille, entre lesquels il n'y a d'autre différence que le nom de baptême.

J'ai donné plus haut des notions sur la convenance d'une chartre continentale (car ma hardiesse se borne à offrir de simples apperçus & non des plans arrêtés); je prends ici la liberté de revenir sur ce sujet, en observant qu'une chartre est un contrat solemnel, auquel tous prennent part, afin de soutenir les droits de chacun en ce qui concerne la religion, la liberté personnelle & la propriété. Les marchés solides & les bons comptes font les amis durables.

J'ai parlé aussi de la nécessité d'une représentation égale & nombreuse; & de tous les objets politiques, il n'y en a point qui soit plus digne de notre attention. Un petit nombre de représentans, sont des choses également dangereuses; le danger s'accroît, si la représentation est non-seulemet restreinte, mais encore inégale. En voici un exemple : lorsque la pétition des sociétaires fut mise sous les yeux de l'assemblée de pensylvanie, il n'y avoit de présens que vingt-huit membres. Tous ceux du comté de bucks, au nombre de huit, votèrent contre elle, &, si sept des députés de chester avoient suivi leur exemple, toute cette province auroit été gouvernée par deux comtés; or, elle est toujours exposée à ce péril. La démarche inexcusable et téméraire que fit cette assemblée dans sa première session pour acquérir une autorité illégitime sur les délégués de cette province, doit avertir la masse du peuple de prendre garde à la manière dont il remet son autorité en d'autres mains. On rassembla, pour les députés, un corps d'instruction qui, par sa déraison, eût couvert de honte un écolier; &, d'après qu'un fort petit nombre de citoyens l'eût approuvé, il fut porté à l'assemblée, & passa comme *étant le vœu de toute la colonie*, tandis que, si toute la colonie savoit combien de mauvaise volonté l'assemblée a mis dans quelques opérations nécessaires, elle ne balanceroit pas un moment à regarder tous ses membres comme indignes de sa confiance.

La nécessité du moment fait adopter beaucoup de mesures qui dégénèreroient en oppression, si l'on continuoit d'en faire usage quand ce moment est passé. La convenance & la justice sont deux choses très-différentes. Lorsque les calamités de l'amérique exigoient une consultation, l'on ne trouva point de méthode plus prompte ou plus avantageuse que de choisir dans cette vue quelques membres de diverses assemblées provinciales, & la sagesse de leurs opinions a sauvé ce continent de sa ruine : mais comme il est plus que probable que nous auront toujours un Congrès, tous ceux qui aiment le bon ordre, seront obligés d'avouer que le mode d'élection de ses membres, mérite la plus sérieuse considération. Et je demande à ceux qui font leur étude du genre-humain si ce n'est pas cumuler sur les mêmes têtes de trop grands pouvoirs, que de ne pas séparer le titre d'électeurs de celui de représentans. Occupés d'un plan qui doit servir à la postérité, souvenons-nous que la vertu n'est pas héréditaire.

Souvent c'est de nos ennemis que nous apprenons d'excellentes maximes, & souvent leurs erreurs nous rendent raisonnables sans que nous y pensions. M. cornwal, un des lords de la trésorerie, traita la pétition de l'assemblée de new-york avec mépris, parce que, dit-il, cette assemblée n'étoit composée que de vingt-six membres, d'où il concluoit qu'un nombre aussi peu considérable ne pouvoit agir au nom de la totalité des citoyens. Grâces lui soient rendues pour son honnêteté involontaire. (1)

Pour finir, quelqu'étrange que ceci puisse sembler à quelques-uns, quelque peu disposés qu'ils soient à penser de cette manière, ce n'est pas là ce qui doit arrêter, mais on peut alléguer une foule de raisons victorieuses, & frappantes, pour prouver que rien n'est plus propre à arranger promptement nos affaires, que de nous déclarer indépendans sans crainte & sans détour. Voici quelques-unes de ces raisons:

Premièrement, lorsque deux nations sont en guerre, il est d'usage que d'autres puissances, étrangères à leur querelle, s'interposent afin de les mettre d'accord, & travaillent pour elles aux préliminaires de la paix. Or, tant que les américains se diront sujets de la grande-bretagne, aucune puissance, quelque bien disposée qu'elle soit en notre faveur, ne nous offrira sa médiation. Dans notre position actuelle, nous sommes donc exposés à des querelles interminables.

Secondement, il est déraisonnable de supposer que la france ou l'espagne nous donnent le moindre secours, si nous ne prétendons en faire usage que pour réparer la scission momentanée, & fortifier l'union de l'angleterre & de l'amérique, attendu que les suites de cette opération seroient dommageables à ces puissances.

Troisièmement, tant que nous nous disons sujets de

---

(1) Ceux qui sont curieux de savoir combien une représentation égale & nombreuse importe aux états, n'ont qu'à lire les *recherches politiques* de burck.

la grande-bretagne, nous passons necessairement pour des rebelles aux yeux des autres nations. Leur tranquillité est compromise par ce spectacle de sujets en armes contre leur souverain reconnu par eux mêmes. Il est vrai que, sur les lieux, nous pouvons résoudre ce problême ; mais l'accord de la résistance & de l'état de sujets, est une idée beaucoup trop rafinée pour les esprits ordinaires.

Quatrièmement ; si l'amérique publioit & faisoit passer aux différentes cours un manifeste dans lequel seroient exposés les maux que nous avons soufferts ; & les efforts paisibles que nous avons tentés sans fruit pour obtenir du soulagement ; où nous déclarerions en même-tems que, ne pouvant plus vivre sous la tyrannie de la cour d'angleterre, nous avons été réduits à la nécessité de rompre toute liaison avec elle ; enfin où nous assurerions à toutes ces puissances nos dispositions paisibles à leur égard, & le desir que nous avons de commercer avec leurs sujets ; un pareil mémoire produiroit plus de bons effets pour ce continent qu'un vaisseau chargé de pétitions pour la grande-bretagne.

Sous notre domination présente de sujets de l'angleterre, nous ne pouvons ni être accueillis, ni même avoir audience en europe. L'usage de toutes les cours est contre nous, & demeurera tel jusqu'à ce que nous ayons pris rang avec les autres nations, en nous déclarant indépendans.

Ces démarches peuvent, à la première vue, sembler étranges & difficiles ; mais, comme toutes celles que nous avons dejà faites, elles nous deviendront familières & agréables ; & jusqu'à ce que notre indépendance soit déclarée, l'amérique sera dans la position d'un homme qui remet de jour en jour une affaire déplaisante, est néanmoins persuadé qu'elle doit avoir lieu, craint de s'en occuper, le desire, & ne cesse d'être assailli par l'idée de son indispensabilité.

Depuis la première édition de cette ouvrage, ou plutôt le jour qu'elle a paru, l'on a publié certain écrit, qui n'auroit pu être mis au jour dans une circonstance plus favorable, si l'esprit de prophétie eût présidé à sa composition; les principes sanguinaires qui l'ont dicté prouvent combien il est nécessaire de suivre la doctrine que j'ai mise en avant. Les deux partis se lisent par manière de représailles, & le libelle en question, au lieu de nous inspirer de l'épouvante, n'a fait que préparer la voie aux mâles résolutions de l'indépendance.

Les égards & même le silence, quel que soit leur motif, entraînent des suites fâcheuses, lorsqu'ils donnent la moindre autorité à des écrits méprisables & criminels; si l'on convient de cette maxime, il s'ensuit que la production dont il s'agit, méritoit & mérite encore l'exécration du congrès & de l'amérique entière: cependant comme la tranquillité domestique d'une nation dépend beaucoup de la pureté de ses mœurs générales, il vaut souvent mieux passer dédaigneusement certaines choses sous silence, que d'employer des méthodes nouvelles de désapprobation, capables d'altérer le moins du monde cette gardienne de notre repos & de notre sûreté. Peut-être si l'ouvrage dont je parle, n'a pas subi un châtiment public, en est-il redevable à cette prudence délicate. Ce n'est qu'un libelle audatieux contre la vérité, le bien public & l'existence du genre-humain, une méthode pompeuse d'offrir des hommes en sacrifice à l'orgueil des tyrans; mais ce carnage général est un des privilèges de la royauté, une de ses conséquences nécessaires: car la nature ne connoissent pas les rois, ils ne la connoissant pas non plus, & quoique créés par nous-mêmes, ils ne nous connoissent pas, & sont devenus les dieux de ceux qui les ont faits ce qu'ils sont. Cet écrit a cependant un mérite, c'est qu'il

n'est

n'est pas d'un genre à faire illusion ; nous aurions beau vouloir en être dupes, la chose seroit impossible, la brutalité & la tyrannie s'y montrent à découvert. Il ne nous laisse point dans l'embarras, & chaque ligne est propre à nous convaincre, dès la première lecture, que celui qui n'a d'autre subsistance que les animaux qu'il tue dans les bois, que l'indien nud & sans défense est moins sauvage qu'un tyran.

Sir john darymple, père putatif d'un ouvrage plaisant & jésuitique, fallacieusement intitulé : *Adresse du peuple anglais aux habitans de l'amérique*, supposant sans motif que les américains étoient hommes à se laisser effrayer par la description magnifique d'un roi, a peut-être assez imprudemment, j'en conviens, tracé le vrai caractère de celui qui occupe le trône de la grende-bretagne. » Mais, dit-il, si vous vous sentez du penchant à louer une administration, de laquelle nous ne nous plaignons pas (le ministère du marquis de rockingham, lors de l'abrogation de l'acte du timbre) c'est fort mal fait à vous de refuser vos louanges au monarque, dont le consentement seul, exprimé par un signe de tête, autorisoit la moindre de ses opérations. » Voilà du torisme, s'il en fût jamais, de l'idolâtrie sans voile ! quiconque a la force de digérer de sang froid une pareille doctrine, a perdu tous ses droits au titre de créature raisonnable ; il a apostasié l'humanité : il faut le regarder comme un individu, qui non-seulement a abjuré la dignité de son être, mais qui est tombé au-dessous de la classe des brutes, & qui se traîne honteusement sur la terre comme un reptile.

L'intérêt actuel de l'amérique est de pourvoir elle-même à ses propres affaires ; elle a déjà une famille jeune & nombreuse ; son devoir est plutôt d'en prendre soin que de prodiguer ses ressources

F f

pour le soutien d'une autorité que la nature & le christianisme réprouvent également. Vous dont la fonction est de veiller sur la morale des peuples, quelle que soit votre croyance, & quelque nom que vous portiez, & vous qui êtes plus immédiatement les gardiens de la liberté publique; si vous desirez maintenir votre pays natal à l'abri de la corruption de l'europe, vous dever former en secret des vœux pour son indépendance; mais je laisse aux réflexions particulières ce qui est du ressort de la morale, & je borne mes nouvelles observations aux textes suivans:

1°. Il importe à l'amérique d'être séparée de la grande-bretagne.

2o. Quel est, du plan de la reconciliation & de celui de l'indépendance, le plus facile & le plus praticable?

Je pourrois, à l'appui de la première proposition, si je le croyois à propos, alléguer l'opinion de quelques-uns des hommes les plus habilles & les plus expérimentés de ce continent, qui n'ont pas encore rendu leur sentimens publics à cet égard. Dans le fait, son évidence saute aux yeux; car jamais nation, dépendante d'une puissance étrangère, limitée dans son commerce, enchaînée dans son autorité législative, ne peut atteindre une certaine supériorité. L'amérique ne sait pas encore ce que c'est que l'opulence, & bien que l'histoire n'offre rien qui puisse être mis en parallèle avec ses progrès, ce ne sont que les progrès de l'enfance, si on les compare avec ce qu'elle seroit en état de faire, si elle avoit entre ses mains, comme cela devroit être, la puissance législative. En ce moment, la grande-bretagne ambitionne ce qui ne lui seroit d'aucun avantage, si elle en venoit à bout, & l'amérique balance sur un parti qu'elle ne sauroit négliger, à moins de vouloir se perdre sans retour. C'est le commerce avec l'amérique & non sa conquête, qui sera utile à l'angleterre, & ce commerce continueroit d'avoir lieu jusqu'à un certain point, quand bien même les deux états ne dépendroient pas plus l'un de l'autre que la france ne dépend de l'espagne, attendu que, pour beaucoup d'articles, l'une & l'autre n'ont point de meilleur débouché que leurs ports respectifs; mais il s'agit sur-tout & uniquement de l'indépendance de l'amérique, à l'égard de l'angleterre, comme de tout autre pays; & ainsi que toutes les vérités dont la découverte est le fruit de la nécessité, la sagesse de cette mesure acquerra tous les jours plus de force & d'évidence.

Premièrement, parce que tôt ou tard l'amérique sera forcée d'en venir là.

Secondement, parce que plus nous différerons, plus le succès entraînera de difficultés.

Je me suis souvent amusé, entre amis, ou dans le monde, à noter en silence les erreurs spécieuses des gens qui parlent sans réflexion; de toutes celles que j'ai entendu soutenir, la plus générale paroît être que si la rupture de l'angleterre & des colonies étoit arrivée quarante ou cinquante ans plus tard, au-lieu d'arriver maintenant, celles-ci auroient été plus en état de s'affranchir de leur dépendance. À cela je réponds que les talens militaires dont nous pouvons nous glorifier à l'époque où nous sommes, viennent de l'expérience que nous avons acquise dans la dernière guerre, & que dans quarante ou cinquante ans, il n'en subsisteroit plus de traces; l'amérique n'auroit pas un général, pas même un seul officier, & nous & nos enfans serions aussi ignorans dans la science militaire que l'étoient les anciens indiens. Cette unique assertion, bien discutée, prouvera d'une manière incontestable, que le moment actuel est préférable à tout autre. Voici comment il faut raisonner :

à la fin de la dernièr guerre nous avions de l'expérience, mais peu de monde, & dans quarante ou cinquante ans nous aurons des hommes & point d'expérience ; ainsi le point à saisir doit être placé entre ces deux extrêmes ; il faut une époque où un degré suffisant d'expérience se trouve joint à un accroissement convenable de population, & cette époque est précisément l'époque actuelle.

Le lecteur pardonnera cette disgression qui est un peu étrangère à ma première thèse ; j'y reviens en disant que si nous faisons, tant bien que mal, un arrangement avec l'angleterre, si elle demeure en possession de la souveraineté de l'amérique (ce qui, dans les circonstances présentes, implique une renonciation absolue à tous nos droits) nous nous priverons nous-mêmes des moyens d'amortir la dette que nous avons contractée & que nous sommes sur le point de contracter. Les terres de l'intérieur dont nos provinces sont clandestinement dépouillées, par l'injuste extension de limites du canada, à ne les évaluer que sur le pied de cent livres sterling par centaine d'acres, montent à plus de vingt-cinq millions de la monnoie de pensylvanie, & les réserves sur le pied d'un sou ster. par acre, à deux millions de revenu.

C'est la vente de ces terres qui subviendra, sans léser qui que ce soit, à l'extinction de la dette, tandis que les réserves diminueront toujours, & finiront par couvrir à elles seules les dépenses annuelles du gouvernement. Peu importe combien de tems durera le paiement de la dette, pourvu que l'argent provenu de la vente des terres, soit appliqué à son amortissement ; chaque congrès aura successivement la direction de cette partie.

Je viens maintenant au second chef, savoir, quel est du plan d'une réconciliation, ou de celui de l'indépendance le plus facile & le plus praticable ?

Celui qui prend la nature pour guide n'est pas

embarrassé de trouver des raisonnemens péremptoires ; sur ce principe, je réponds en général que l'indépendance ayant l'avantage de la simplicité, & ses moyens existant en nous-mêmes, tandis que la réconciliation est une chose extrêmement compliquée, sujette à l'entremise d'une cour perfide & capricieuse, la décision ne peut laisser aucun doute.

L'état présent de l'amérique est vraiment fait pour alarmer tout homme capable de réfléchir. Sans loix, sans gouvernement, sans autorité d'aucune autre espèce que celle qui est fondé sur les égards, & que les égards ont accordée, maintenue dans son unité par un concours de sentimens qui n'a point d'exemple, qui néamoins est sujet au changement, & que tous ses ennemis secrets s'efforcent de détruire, nous pouvons définir notre position, une législation dépourvue de loix, une sagesse qui n'est la suite d'aucun plan, une constitution qui n'a point de terme pour en exprimer la nature est chose bien surprenante ! l'indépendance la plus illimitée qui cherche à reprendre des fers déjà rompus. Il n'y a rien de tel dans l'histoire. Jamais peuple ne s'est trouvé en de pareilles circonstances, & quel homme assez hardi pour deviner à quoi elles aboutiront ? Dans le système que nous avons embrassé, la propriété de qui que ce soit n'est en sûreté, les esprits de la multitude flottent au hasard ; & ne voyant point d'objet fixe devant eux, ils poursuivent les fantômes de l'imagination ou de la partialité. Rien ne passe pour criminel ; les loix sur la trahison ne sont point en vigueur ; de-là chacun se croit maître de faire ce qui lui plaît. Les torys n'eussent pas osé s'assembler pour nous nuire, s'il avoient été prévenus que les loix de l'état prononçoient la peine de mort contre de pareils rassemblemens. Il faudroit tracer une ligne de démarcation entre les soldats anglais faits prisonniers en combattant, & les américains armés contre nous. Les premiers sont de simples prisonniers, les autres sont des traîtres. Les uns n'ont perdu que leur liberté; la tête des autres est dévolue aux bourreaux.

En dépit de notre prudence, quelques-unes de nos mesures sont infiniment entachées d'une foiblesse qui encourage les dissensions. L'alliance des colonies est trop peu solide; si nous ne faisons pas quelque tentative pendant qu'il en est encore tems, avant peu il sera trop tard pour en faire d'aucune espèce, & nous tomberons dans un état, où les projets de réconciliation & d'indépendance seront également impraticables. L'administration & ses vils adhérens sont retournés à leurs anciens artifices, qui consistoient à diviser les colonies, & nous ne manquons pas d'imprimeurs empressés de répandre des faussetés spécieuses. La lettre hypocrite & pleine d'art, qui parut, il y a quelques mois, dans deux papiers de new-york, & que d'autres copièrent, prouve démonstrativement qu'il y a des hommes dépourvus soit de jugement, soit de probité.

Il est aisé de parler de réconciliation dans les écrits & dans les journaux; mais les apologistes de cette mesure considèrent-ils sérieusement les difficultés qu'elle entraîne, & les dangers dont elle nous menace, si les opinions des colonies sont partagées? Leur coup-d'œil embrasse-t-il les différentes classes d'hommes dont elle compromet les intérêts & la situation aussi bien que la leur? Se mettent-ils à la place de l'infortuné qui a déjà tout perdu, & du soldat qui a tout quitté pour défendre sa patrie? Si leur modération mal entendue n'est accommodée qu'à leur position particulière, sans égard pour celle d'autrui, l'événement les convaincra qu'ils auront compté sans leur hôte.

Mettez-nous, disent-ils, sur le pied où nous

étions en 1763. Je réponds qu'il n'est pas au pouvoir de la grande-bretagne de condescendre à ce vœu, & qu'elle n'en fera pas la proposition; mais dans le cas contraire, & supposé qu'elle accordât cette demande, que l'on me dise par quels moyens on rendra cette cour mensongère & corrompue, fidèle à ses engagemens? Un autre parlement, que dis-je? Le parlement actuel peut les annuller sous prétexte qu'ils ont été arrachés par force ou que l'on a eu tort de les contracter; & si cela arrive, quel sera notre recours? Il ne s'agit pas de plaider entre nations; les canons sont les légistes des couronnes, & le glaive, non celui de la justice, mais celui de la guerre, décide leurs querelles. Pour nous retrouver comme nous étions en 1763, il ne suffit pas que les loix soient remises au même état, il faut qu'on y remette aussi nos propriétés, que nos villes incendiées ou détruites soient réparées ou rétablies, que nous soyons indemnisés de nos pertes individuelles, que nos dettes publiques, contractées pour la défense générale, soient acquittées; autrement nous serons dans un état un million de fois pire que nous n'étions à cette époque digne d'envie. Si l'on eût accordé cette demande il y a un an, la grande-bretagne se seroit concilié l'affection de tous les américains; mais à présent, il est trop tard, nous avons passé le rubicon.

De plus il paroît aussi contradictoire avec les loix divines, & les sentimens de l'humanité, de prendre les armes dans la seule vue de nécessiter l'abrogation d'un acte fiscal, qu'il l'est de prendre les armes pour exiger que l'on s'y soumette: des deux côtés, l'objet ne justifie pas les moyens; la vie des hommes est d'un trop grand prix pour qu'on la prostitue à de semblables bagatelles. Ce qui, aux yeux de la conscience, autorise l'usage de nos forces, c'est la violence que nous avons soufferte, & dont on nous a menacés, la destruction de nos propriétés par des soldats, l'invasion de notre patrie exécutée avec le fer & le feu; & le moment où nous avons été contraints d'employer ce mode de défense, a dû nous affranchir de toute sujétion à l'égard de la grande-bretagne. L'indépendance de l'amérique a dû dater son origine & sa proclamation du premier coup de fusil tiré contre ses habitans. Cette ligne de séparation est tracée par l'équité ; ce n'est point le caprice ou l'ambition qu'il faut en accuser ; elle est le fruit d'une chaîne d'évènemens, qui ne sont point arrivés par la faute des colonies.

Je terminerai ces observations par quelques aperçus bien intentionnés & analogues aux circonstances. Nous devons réfléchir qu'il y a trois manières différentes de nous rendre indépendans, & que, tôt ou tard, l'une d'elles décidera le sort de l'amérique : le vœu légal du peuple, énoncé par le congrès, le droit des armes, une insurrection de la multitude. Or, il peut arriver que nos soldats ne soient pas toujours citoyens, & que la multitude ne soit pas composée d'hommes raisonnables. La vertu, ainsi que je l'ai remarqué plus haut, n'est point héréditaire; elle n'est pas même constante chez les mêmes individus. Si nous devenons indépendans par le premier de ces moyens, nous avons toutes les facilités, tous les encouragemens possibles de former la constitution la plus pure & la plus noble qui ait existé sur la terre. Il ne tient qu'à nous de revenir aux premiers âges du monde. On n'a pas vu, depuis noë, de peuple dans une pareille situation. La naissance d'un nouvel univers est proche, & ce qui se passera sous peu de mois réglera la portion de liberté que doit attendre une race d'hommes, peut-être aussi nombreuse que toute la population de l'europe. Quelle imposante réflexion! Et sous ce ce point de vue, combien les petites ruses de quelques particuliers intéressés ou foibles, paroissent insignifiantes & ridicules, lorsqu'on les met en balance avec le destin d'une partie du globe!

Si nous avons l'imprudence de négliger cette occasion favorable & séduisante, & que par la suite, d'autres moyens effectuent notre indépendance, nous répondrons des suites, ou plutôt ils en répondront à jamais, ceux dont l'ame étroite & obscurcie par les préjugés, a pris l'habitude de combattre ce parti, sans examen & sans réflexion. Certaines raisons militent en sa faveur, que bien des gens approuvent intérieurement, & dont ils n'osent parler en public. Il ne s'agit pas maintenant de discuter si nous serons indépendans ou non; il s'agit de fonder notre indépendance sur une base solide & glorieuse, & de regretter de ne l'avoir pas fait plutôt. Chaque jour nous démontre la nécessité de cette résolution. Les torys eux-mêmes, s'il se trouve encore parmi nous de ces êtres méprisables, devroient être les plus ardens à nous y exciter. Car, de même que la création des comités les sauva d'abord de la rage populaire, ainsi une forme de gouvernement sage & bien établie sera l'unique garant de leur sûreté à venir : par conséquent, s'ils n'ont pas assez de vertu pour être whigs, ils doivent avoir assez de prudence pour desirer que nous nous déclarions indépendans.

En un mot, l'indépendance est le seul lien qui soit capable de maintenir l'union des colonies. Nous verrons distinctement notre but, & nos oreilles seront légalement fermées aux projets d'un ennemi aussi intrigant que barbare. Nous serons en même-tems sur un pied convenable pour traiter avec la grande-bretagne; car il y a lieu de croire que l'orgueil de cette cour sera moins choquée de traiter de la paix avec les états de l'amérique, que de traiter d'un accommodement avec des hommes qu'elle qualifie de sujets révoltés. Ce sont nos délais qui l'encouragent à se flatter de nous conquérir, & notre timidité ne sert qu'à prolonger la guerre. Ainsi que nous avons, sans en recueillir beaucoup de fruit, interrompu notre commerce en vue d'obtenir le redressement de nos griefs, essayons maintenant de les redresser nous-mêmes par notre indépendance, & offrons alors de rendre au commerce sa première activité. Tous les négocians, tous les anglais raisonnables seront encore pour nous, attendu que la paix avec le commerce est préférable à la guerre sans commerce; & si leurs offres ne sont pas acceptées, nous pourrons nous adresser à d'autres cours.

Ces principes posés, j'abandonne cette discussion; & comme on n'a pas encore entrepris de réfuter la doctrine contenue dans les premières éditions, de ce pamphlet, c'est une preuve négative ou quelle n'est pas de nature à être réfutée, ou que le parti qui la favorise est trop nombreux pour qu'on ose lui tenir tête. Ainsi, au-lieu de nous regarder les uns les autres avec une curiosité inquiète ou soupçonneuse, que chacun de nous serre amicalement la main de son voisin & concoure à tracer une ligne en deçà de laquelle il ne subsiste plus aucun vestige des anciennes dissentions. Que les noms de whig & de tory soient effacés pour jamais; qu'il n'y ait plus parmi nous d'autres dénominations que celles de bons citoyens, d'amis francs & déterminés, de vertueux défenseurs des DROITS DE L'HOMME ET DES ÉTATS LIBRES ET INDÉPENDANS DE L'AMÉRIQUE.

Aux représentans de la société religieuse des Quakers, *ou plutôt à toutes les personnes de cette croyance qui ont eu part à la publication de l'écrit intitulé* : Nouvelle exposition des principes des quakers relativement au roi & au gouvernement, & touchant les troubles actuels de l'amérique, adressée à la généralité du peuple.

L'auteur de ce qu'on va lire est du petit nombre de ceux qui ne déshonorent jamais la religion en jetant du ridicule ou en chicanant sur les dénominations quelconques. Dans ce qui regarde la croyance, nous ne devons des comptes qu'à dieu seul ; nous n'en devons point aux hommes. Cette lettre ne vous est donc point adressée comme à une société religieuse, mais comme à un corps politique qui s'ingère dans une discussion à laquelle vous demeureriez étrangers, si vous étiez fidèles aux principes de quiétude dont vous faites profession.

Comme vous vous êtes mis, sans y être aucunement autorisés, à la place de toute la société des quakers, pour être avec vous sur un pied d'égalité, je me vois contraint de me mettre à la place de tous ceux qui approuvent les écrits & les principes contre lesquels vous vous élevez. Je choisis même exprès cette situation singulière, pour que vous soyez plus frappés d'un excès de témérité sur lequel vous vous faites illusion par rapport à vous-mêmes. Car ni vous, ni moi, n'avons de titre au personnage de représentans politiques.

Quand les hommes ont quitté le bon chemin, il n'est pas surprenant qu'ils continuent de s'égarer. Or d'après la manière dont vous avez rédigé votre adresse, il est évident que, réunis pour vous livrer aux matières religieuses, vous êtes bien foibles en politique. Quelque bien adaptés que vous paroissent vos raisonnemens, ils ne présentent qu'un absurde assemblage de bon & de mauvais, & la conclusion que vous en tirez est aussi peu naturelle qu'elle est injuste.

Nous vous passons vos deux premières pages qui forment plus de la moitié de votre adresse (& nous attendons de vous la même politesse) vu que l'amour & le desir de la paix ne sont pas exclusivement réservés aux quakers : c'est le vœu que la nature & la religion mettent dans le cœur de tous les hommes. Sur ce principe travaillant à établir une constitution indépendante, nous n'avons point de rivaux dans notre but & dans nos espérances : notre plan est fondé sur une paix éternelle. Nous sommes las de disputer avec la grande-bretagne, & nous ne voyons de terme à nos querelles que dans une séparation définitive: Nous agissons conséquemment, parce que nous endurons les maux & les souffrances du moment, pour arriver à une paix qui n'aura ni fin, ni interruption. Nos efforts ont & auront constamment pour objet de dissoudre une liaison qui a rougi de sang nos campagnes, & qui, aussi long-temps qu'il en subsistera le moindre vestige, ne cessera d'être nuisible à l'amérique & à l'angleterre.

Nous ne combattons ni par vengeance, ni par esprit de conquête, ni par orgueil, ni par ressentiment; nous n'insultons point l'univers en y promenant nos flottes & nos armées ; nous ne ravageons point le globe dans l'intention de nous enrichir de ses dépouilles. On nous attaque à l'ombre de nos vignes : ou nous traite avec violence dans nos propres maisons & sur notre territoire : nos ennemis se présentent à nous comme des voleurs de grand chemin & des brigands. Ne pouvant invoquer la loi pour nous défendre contre leurs attentats, nous sommes obligés de les punir par la voie des armes, & d'employer l'épée dans les mêmes circonstances où vous-mêmes vous avez employé la corde. Peut-être nous partageons la douleur de ceux que l'on a ruinés & insultés dans tout le continent, avec un dégré de sensibilité qui ne s'est point encore manifesté dans le cœur de quelques-uns d'entre vous. Mais êtes-vous bien sûrs de ne pas vous méprendre sur la cause & sur les principes qui ont dicté votre profession de foi politique? Ne donnez pas à l'indifférence le nom de religion, & ne mettez pas l'hypocrite à la place du chrétien.

La partialité vous fait trahir les maximes qui sont la base de votre croyance. Si c'est pécher que d'être en armes, on doit pécher bien davantage en commençant la guerre; la proportion est la même que celle d'une attaque volontaire & d'une défense inévitable. Si donc vous prêchez conformément aux inspirations de votre conscience, si votre projet n'est pas de faire de votre religion un jouet politique, donnez-en la preuve, en adressant votre doctrine à nos ennemis, car ils sont en armes aussi bien que nous. Donnez-nous une marque de votre sincérité, en la prêchant dans le palais de saint-james, devant les commandans en chef de boston, à tous les amiraux, à tous les capitaines qui ravagent nos côtes en véritables pirates, enfin à toute la horde sanguinaire qui agit sous l'autorité du monarque que vous faites profession de servir. Si vous aviez la noble franchise de barclay, (1) vous l'exhorteriez au repentir, vous

---

(1) « Tu as goûté de l'adversité & de la prospérité. Tu sais ce que c'est que d'être banni de ton pays natal, d'être dominé comme de dominer, de siéger sur le trône & d'être en butte à l'oppression. Tu as appris combien les oppresseurs sont exécrables aux yeux de Dieu & des hommes. Si, après tous ces avertissemens, tu ne reviens pas de toute ton ame au Seigneur, si tu oublies ce Dieu qui s'est souvenu de toi dans ta détresse, &

lui montreriez ses fautes, vous l'avertiriez du malheur éternel qui le menace. Vous ne réserveriez pas vos invectives partiales à vos frères outragés & souffrans ; mais, comme de fidèles ministres de la parole divine, vous éleveriez la voix & n'épargneriez personne. Ne dites pas que vous êtes persécutés, ne vous efforcez point de faire tomber sur nous le blâme de cette persécution que vous cherchez ; car nous attestons au genre-humain, que si nous nous plaignons de vous, ce n'est pas parce que vous êtes quakers, mais parce vous prétendez l'être & que vous ne l'êtes pas.

Hélas ! il semble, à voir le but de quelques-unes de vos propositions & certains traits de votre conduite, que vous réduisiez le péché au seul acte de porter les armes, & encore, qu'il n'y ait que le peuple sur qui porte cette décision. Vous paroissez avoir pris la voix des factions pour celle de la conscience, parce que la teneur générale de vos actions manque d'uniformité ; aussi ne pouvons-nous ajouter foi, sans beaucoup de peine, à vos prétendus scrupules, voyant qu'ils sont allégués par les mêmes hommes qui, à l'instant où ils se récrient contre la *Mammone*, poursuivent leur profit avec *toute l'agilité du tems & la voracité de la mort*.

Le passage que vous citez du livre des proverbes, savoir que « quand la conduite d'un homme plaît au seigneur, il force ses ennemis même d'être en paix avec lui, » ne pouvoit être plus mal choisi, puisqu'il prouve que le monarque, pour qui

―――――
que tu t'adonne au plaisir & à la vanité, ta condamnation sera terrible. Le meilleur remède qui puisse te préserver de ce péril & des insinuations de ceux qui voudront t'engager au mal, est d'avoir les yeux fixés sur cette lumière de J. C., qui brille dans ta conscience, qui ne peut ni ne veut te flatter, & ne souffrira pas que tu sois en repos dans le sein du péché ». *Adresse de barclay à charles II.*

vous témoignez tant de zèle, ne plaît point au seigneur; autrement son règne seroit paisible.

Je viens maintenant à la dernière partie de votre adresse, à celle dont tout le reste semble former l'introduction. « Nous avons toujours eu pour principe, dites-vous, puisque nous sommes appelés à mettre en évidence la lumière du christ, manifestée dans nos consciences jusqu'à ce jour, qu'il appartient à dieu seul d'élever & de renverser les rois & le gouvernement, pour des raisons qui lui sont mieux connues qu'à nous autres hommes; que nous ne devons pas nous immiscer dans ces révolutions, nous inquiéter de notre sort, & encore moins comploter la ruine des pouvoirs subsistans, mais prier pour le roi, pour la sûreté de la nation, & pour le bien de tous nos semblables; enfin, que nous pouvons mener une vie tranquille & vertueuse sous quelque gouvernement que le ciel ait jugé à propos de nous placer. » Si réellement ce sont là vos principes, que ne vous y conformez-vous? Que ne laissez-vous à dieu le soin de faire tout seul ce que vous prétendez n'appartenir qu'à lui? Ces mêmes principes vous enseignent à attendre avec patience & humilité l'événement des mesures nationales, & à vous y soumettre comme à la volonté divine. Que sert votre profession de foi politique, si vous croyez ce qu'elle renferme? vous avez prouvé en la mettant au jour, ou que vous ne croyez point ce que vous faites profession de croire, ou que vous n'avez pas assez de vertu pour pratiquer ce que vous croyez.

Les principes de quakerisme tendent directement à faire de quiconque les adopte, un sujet paisible, sous quelque gouvernement qu'il ait à vivre; & si dieu s'est réservé la prérogative d'élever & de renverser les rois & les gouvernemens, à coup sûr il ne permet pas que nous le dépouillons de ce droit. Ainsi votre principe même vous conduit à approuver tout ce qui s'est passé & tout ce qui se passera encore à l'égard des rois ; olivier cromwel vous remercie. Selon vous, charles premier ne mourut point par la main des hommes ; & si jamais pareille fin termine les jours de son orgueilleux imitateur, ceux qui ont rédigé votre adresse seront forcés par leur propre doctrine, d'applaudir à cette catastrophe. Ce n'est point par des miracles que les rois sont détrônés ; il n'entre que des moyens simples & humains, tels que nous en employons, dans les altérations que subissent les gouvernemens. La dispersion même des juifs, quoique le sauveur l'eût prédite, s'effectua par la voie des armes. Par conséquent, si vous refusez votre secours à l'un des partis, vous ne devez pas vous mêler des intérêts de l'autre ; votre devoir est d'attendre en silence ce qui arrivera, & à moins que vous ne soyez en état de produire une autorité divine, pour prouver que le tout-puissant, qui a placé ce nouveau monde aussi loin qu'il l'a pu de toutes les contrées de l'ancien, n'approuve pas qu'il soit indépendant de la cour vicieuse & corrompue de la grande-bretagne ; à moins, dis-je, que vous n'ayez ce titre à nous opposer, comment pouvez-vous justifier, d'après vos maximes, le langage incendiaire par lequel vous excitez le peuple « à se liguer fortement dans la haine des écrits & des mesures qui annoncent évidemment le désir & le projet de rompre les heureux liens qui nous ont unis jusqu'à ce jour avec l'angleterre, ainsi que la subordination juste & nécessaire que nous devons au roi & aux dépositaires légaux de son autorité. » Quoi ! les mêmes hommes, qui deux lignes plus haut résignoient passivement à l'être-suprême l'ordre, les changemens & la disposition des rois & des gouvernemens,

reviennent

reviennent ici sur leurs principes, & veulent y prendre part ! Est-il possible que cette conclusion suive la doctrine exposée dans le même ouvrage ? l'inconséquence est trop frappante pour n'être pas remarquée ; l'absurdité trop grande pour ne pas exciter le rire. Au surplus, c'est tout ce que l'on pouvoit attendre d'une association d'hommes aveuglés par les sombres préjugés d'un parti aux abois ; car on ne doit pas vous regarder comme parlant au nom de toute la société de quakers, mais seulement comme une fraction remuante de ce corps digne d'estime.

Ici finit l'examen de votre profession de foi. Je n'engage personne à l'abhorrer (comme vous avez fait pour les écrits que vous n'approuvez pas), mais à la lire & à la juger sans prévention. Je veux cependant ajouter encore une remarque. L'expression d'*élever & de renverser les rois*, signifie sans doute faire un roi de l'homme qui ne l'est pas, & ôter ce titre à celui qui le possède ; &, je vous prie, cela a-t-il le moindre rapport avec les circonstances où nous nous trouvons ? notre dessein n'est pas plus d'élever que de renverser des rois, d'en élire que de les détruire : tout ce que nous demandons est de n'avoir rien à démêler avec eux. Ainsi, votre profession de foi, sous quelque point de vue qu'on l'envisage, ne sert qu'à deshonorer votre jugement ; &, pour plusieurs raisons, vous eussiez mieux fait de la garder pour vous que de la publier.

Premièrement, parce qu'elle tend à compromettre la religion & à diminuer son empire ; car il est infiniment dangereux pour la société de lui faire jouer un rôle dans les controverses politiques.

Secondement, parce qu'elle présente, comme approuvant les professions de foi politiques ou comme y prenant intérêt, une société d'hommes.

parmi lesquels il s'en trouve beaucoup qui ne sont point d'avis de publier ainsi leurs sentimens.

Troisièmement, parce qu'elle tend à détruire cette harmonie, cette union de nos provinces que vous-mêmes avez concouru à établir par vos contributions généreuses, & qu'il importe infiniment de maintenir, à tous tant que nous sommes.

Sur ce, je vous dis adieu sans colère ni ressentiment. Puissiez-vous (tels sont les desirs que je forme dans la sincérité de mon cœur) en votre double qualité d'hommes & de chrétiens, jouir pleinement & sans interruption de tous les droits civils & religieux, & contribuer à votre tour, à les garantir aux autres ! Mais puisse en même-temps l'exemple si imprudemment donné par vous, de mêler la politique & la religion, encourir le désaveu & la réprobation de tous les habitans de l'amérique !

FIN

www.ingramcontent.com/pod-product-compliance
Lightning Source LLC
Chambersburg PA
CBHW060129170426
43198CB00010B/1093